Magnus von Lingen

Die Wurzeln

Magnus von Lingen

Die Wurzeln

ISBN/EAN: 9783742896797

Hergestellt in Europa, USA, Kanada, Australien, Japan

Cover: Foto ©Thomas Meinert / pixelio.de

Manufactured and distributed by brebook publishing software (www.brebook.com)

Magnus von Lingen

Die Wurzeln

DIE WURZELN ΛΕΓ SAMMELN UND ΛΕΧ LIEGEN IM GRIECHISCHEN,

BESONDERS BEI HOMER UND HESIOD.

EINE SPRACHWISSENSCHAFTLICHE UNTERSUCHUNG.

INAUGURAL-DISSERTATION

ZUR ERLANGUNG

DES PHILOSOPHISCHEN DOCTORGRADES

VERFASST

UND

DER HOHEN PHILOSOPHISCHEN FACULTÄT

AN DER UNIVERSITÄT ZU LEIPZIG

EINGEREICHT

VON

MAGNUS v. LINGEN

AUS ST. PETERSBURG.

LEIPZIG 1877.

MEINEN ELTERN

IN DANKBARKEIT GEWIDMET.

INHALT.

	Seite
Einleitung	1
Capitel I: Die Scheidung der Wurzeln	4
§. 1. Im Allgemeinen	4
§. 2. Bei Homer und Hesiod	8
§. 3. Die Perfectformen der Wurzel ΛΕΓ	13
Capitel II: Die **Stellung** der beiden Wurzeln im indogermanischen Sprachsystem	20
§. 1. Die Wurzel ΛΕΧ	20
§. 2. Die Wurzel ΛΕΓ	24
Capitel III: Die **Bedeutungsentwickelung der Wurzeln**	40
§. 1. Die Wurzel ΛΕΓ	40
§. 2. Die Wurzel ΛΕΓ **bei Homer** und **Hesiod**	45
§. 3. Die Wurzel ΛΕΧ	56
§. 4. **Die Wurzel ΛΕΧ bei Homer** und Hesiod	56

Einleitung.

Die Wurzeln ΛΕΓ sammeln und ΛΕΧ liegen haben das Interesse der Sprachforscher in hohem Grade auf sich gezogen, was auch als ganz natürlich erscheint, wenn man bedenkt, was für wichtige Wörter namentlich der **Wurzel** ΛΕΓ angehören.

Besonders drei diese Wurzeln betreffende Fragen regten die Sprachforscher zu mannigfachen Untersuchungen an.

Die erste dieser Fragen, ob die beiden Wurzeln identisch sind oder von einander getrennt werden müssen, ist namentlich durch P. Buttmanns Untersuchungen (Lexilogus[2] Bd. II S. 86—92), dem auch die neueren Forscher auf dem Gebiete der griechischen Etymologie, wie Pott (Etymologische Forschungen[2] Band III S. 606), Benfey (Griechisches Wurzelwörterbuch Band II S. 127), Döderlein (Homerisches Glossarium Band III S. 83 ff.), Leo Meyer (Vergleichende Grammatik der griechischen und lateinischen Sprache Band I S. 375 und 386), G. Curtius (Grundzüge der griechischen Etymologie[4] S. 193 und 366) und A. Fick (Vergleichendes Wörterbuch der indogermanischen Sprachen[3] I. Band S. 748, II. Band S. 226, 227; die ehemalige Spracheinheit der Indogermanen Europa's S. 361) beistimmen, gelöst. Es darf gar nicht daran gezweifelt werden, dass die Wurzeln der Form und der Bedeutung nach zu scheiden sind.

Schwieriger ist die zweite Frage zu entscheiden: Welche Stellung nehmen diese Wurzeln im indogermanischen Sprachsystem ein, und welche griechischen Wörter gehören zu ihnen?

Benfey hat versucht die Wurzel ΛΕΓ in's Sanskrit zurück zu verfolgen, wir werden aber sehen, dass Buttmanns Bedeutungsentwickelung seine Combinationen widerlegt. Dasselbe hat auch Leo Meyer (Kuhns Zeitschrift Band XXIII S. 409), von der eigenthümlichen Reduplication in εἴλοχα ausgehend, gethan.

Bei der Untersuchung dieser interessanten Perfectform werden wir Gelegenheit haben, seine Ausführungen eingehend zu besprechen. Fick hat die Wurzel ΛΕΓ sammeln mit den zu ihr gehörigen Wörtern in den Sprachschatz der graecoitalischen Spracheinheit, die Wurzel ΛΕΧ (europäisch lagh) liegen in den Wortschatz der europäischen Spracheinheit aufgenommen; Leo Meyer und G. Curtius haben eine Zusammenstellung der hauptsächlichsten zu diesen Wurzeln gehörenden Wörter gegeben. Dennoch bleibt nach dieser Seite manches zu thun übrig. So ist es z. B. noch zu untersuchen, ob es richtig ist, dass Fick die Wurzel leg sammeln und leg sich kümmern von einander trennt.

Die dritte Frage endlich, die nach der Bedeutungsentwickelung der beiden Wurzeln, ist auch lebhaft erörtert worden; namentlich hat die allmälige Entwickelung der Bedeutung der zu der Wurzel ΛΕΓ sammeln gehörigen Wörter die Philosophen sehr interessirt. H. Romundt hat in seiner Doctordissertation: Die Wurzel ΛΕΓ im Griechischen, Leipzig 1869, besonders das Nomen λόγος in eingehender Weise behandelt.

Teichmüller hat in seinem Werke: Neue Studien zur Geschichte der Begriffe, Gotha 1876, nachgewiesen, dass λέγειν nicht blos die Bedeutung „einzeln nach einander nehmen" hat, wie Romundt meint, sondern dass λέγειν einzeln nach einander nehmen, sammeln mit einem bewussten Zwecke bedeute. Max Heinze hat in seinem Buche: Die Lehre vom λόγος, das bedeutsame Wort λόγος vom Standpunkte des Philosophen aus eingehend untersucht.

Von den drei Gesichtspunkten, die sich aus den obigen Fragen nach der Scheidung der beiden Wurzeln, nach ihrer Stellung in dem indogermanischen Sprachsystem und nach ihrer Bedeutungsentwickelung ergeben, will auch die vorliegende

Arbeit die Wurzeln $\varLambda E \varGamma$ und $\varLambda E X$ einer Untersuchung unterziehen. Bei der Unmöglichkeit, die gesammte griechische Literatur in Bezug auf diese beiden Wurzeln durchzusehen, habe ich mich darauf beschränkt, das Material wenigstens aus Homer und Hesiod vollständig zu geben. Finden wir doch in Homers und Hesiods Werken das älteste Griechisch, das wir erreichen können *).

---

*) Leider fehlt in dem neuen unter Ebelings Redaction erscheinenden Wörterbuche zu Homer (Lexicon Homericum composuerunt C. Capelle, **A.** Eberhardt, **E.** Eberhardt, B. Giesecke, V. H. Koch, J. La Roche, **Fr.** Schnorr **de Carolsfeld** edidit H. Ebeling, Lipsiae 1874), noch der Buchstabe λ.

Capitel I.
Die Scheidung der Wurzeln ΛΕΓ und ΛΕΧ.

§. 1.

In das Verhältniss der beiden Wurzeln hat, wie schon oben erwähnt wurde, Buttmann Klarheit gebracht; vor ihm identificirte man die Wurzeln und suchte die verschiedene Bedeutung derselben durch verschiedene willkürlich angenommene Uebergänge zu vermitteln. So erklärt z. B. das Damm-Duncansche Wörterbuch zum Homer und Pindar S. 685: „λέγω, lego, compono, ich lege; item, lego, eligo, colligo, ich lese aus oder auf; item propono verbis, dico, ich lege dar, trage mit Worten vor. Prior significatus est proprius. Notio etiam numerandi inest huic verbo, quia in digitis solemus ponere singula, quae numeramus ordine."

Dem gegenüber sagt nun Buttmann, Lexilogus[2] Band II S. 86: „Der mehrfache Sinn der Formen λέγειν und λέξαι, wonach sie 1) sagen, 2) wählen und sammeln, 3) λέξαι, insbesondere bei den Epikern, noch schlafen legen bedeuten, ist im Ganzen gewiss. In Untersuchung dabei kommen erstlich die Frage, ob und wie die Bedeutungen zusammenhängen; zweitens die Stellen, wo entschieden werden muss, welche dieser Bedeutungen stattfindet."

Buttmann wendet sich zuerst der zweiten Frage zu und bespricht als erste Stelle die vielbesprochenen Verse Il. 2. 435 und 436, die er in drei Lesarten anführt.

Aristarch las: **Μηκέτι νῦν δῆθ' αὖθι λεγώμεθα μηδ' ἔτι δηρὸν ἀμβαλλώμεθα ἔργον.**

Zenodot: **Μηκέτι νῦν ταῦτα λεγώμεθα.**

Kallistratus: **Μηκέτι δὴ νῦν αὖθι λεγώμεθα** etc.

Buttmann nimmt an, dass Zenodots Lesart vom Scholiasten verstümmelt ist, und ursprünglich gelautet haben muss: *μηκέτι δὴ νῦν ταῦτα λεγώμεθα* und betont mit Recht, dass die Erklärung des Eustathius „still sitzen, ruhen und gleichsam liegen" nicht richtig sein könne, weil, „wie die älteren Grammatiker wussten oder fühlten, das Präsens: *λέγω*, *λέγομαι* in der Bedeutung legen und liegen nicht griechisch war. In der ganzen so früheren als späteren Epik kommen in diesem Sinne durchaus nur die Aoristformen *ἔλεξε ἐλέξατο*, *ἔλεκτο* vor."

Diese Bemerkung Buttmanns ist sehr wichtig; sie bestätigt sich auch bei einer näheren Untersuchung vollständig; Hesychius führt freilich (Mauricius Schmidt, Hesychii Alexandrini Lexicon, volumen III pag. 30) die Form *λέχεται* an und übersetzt sie mit *κοιμᾶται*. Belegstellen führt er aber weder für diese Form, noch für die Form *καλέχες* an (M. Schmidt, Hesych. volum. II pag. 397), die er mit *κατέκεισο* wiedergibt und für paphisch erklärt, und von der G. Curtius (Grundzüge[4] etc. S. 194) meint, dass sie aus *κατ-λεχ*.. entstanden und „ein Beispiel dieser Wurzel im sonst verlorenen Präsensstamm ist."

Bergk bespricht diese von Hesych. angeführte Form auf pag. IX seiner Abhandlung: De titulo Arcadico (Vorlesungsprogramm der Universität Halle für das Wintersemester 1860|1861). Er meint, dass an dieser Stelle bei Hesych. *καλέχεσο* oder *καλέχεο* (so ändert Meineke) gleich *κατάκεισο* zu schreiben sei. Ausser Hesychius erwähnt auch Theognost (Cramer, Anecdota Oxoniensia Volumen II pag. 139) die Präsensform *λέχω*.

Jedenfalls aber geht auch aus diesen Citaten hervor, dass eine etwaige Präsensform *λέχεται* lauten müsste; nur eine einzige Verbalform der Wurzel *ΛΕΧ* lautet in ihrem Wurzelausgange auf *γ* aus, nämlich der ohne Bindevocal gebildete

Aoristus Med., von dem z. B. das Particip καταλέγμενος Od. 22. 196 erscheint; hier finden wir aber γ wegen des Einflusses des folgenden μ.

Von der Wurzel ΛΕΓ dagegen lauten nur die erst später erscheinenden Perfectformen λέλεχα und εἴλοχα auf χ in ihrem Wurzelausgange aus, sonst haben alle Formen den Wurzelauslaut γ.

La Roche hat noch neuerdings in seiner Schulausgabe der Ilias, S. 60, bei dem schon oben angeführtem Verse Il. 2. 435, auf Aristarch sich stützend, die Form λεγώμεθα mit „lasst uns unthätig liegen bleiben" übersetzt.

Das ist aber entschieden falsch.

Es ist daher auch nicht richtig, wenn in dem von Ebeling herausgegebenen Wörterbuche Band I S. 674 καταλέγομαι als Präsensform des Compositums von der Wurzel ΛΕΧ angeführt wird.

Hesychios citirt ausser den oben angeführten Verbalformen noch ein merkwürdiges Substantiv, nämlich: λαγρὸν ἢ λαγρός = κραββάτιον, also = Ruhestätte, Ruhebett (M. Schmidt, Hesych. vol. III p. 3).

G. Curtius vermuthet (Grundzüge[4] S. 194), dass dieses Wort „aus irgend einer Mundart, welche die Aspiration tilgte (macedonisch?), ist"; jedenfalls ist das γ auffällig; wir würden χ an Stelle desselben erwarten, da die Lautverbindung χρ auch im Inlaut nicht ungewöhnlich ist.

Buttmann geht nach Besprechung der Formen zu der Bedeutungsentwickelung der beiden Wurzeln über, die weiter unten im dritten Capitel dieser Schrift angeführt werden wird. Am Schlusse seiner Auseinandersetzung betont es Buttmann noch nachdrücklich, dass „der Stamm des Verbs legen, liegen ΛΕΧ ist."

Dasselbe hebt auch Aug. Fr. Pott hervor, der auf die Wurzeln ΛΕΓ und ΛΕΧ hauptsächlich im dritten Band seiner etymologischen Forschungen II. Auflage S. 606 zu sprechen kommt, sie aber leider nicht recht aus einander hält. Bei der Anführung der Wörter, die zu der Wurzel ΛΕΧ gehören, sagt er nämlich: „Die angeführten Wörter (κοινολεχής, ἀπειρολεχής u. s. w.) und andere mehr mit χ als Wurzelausgang würden ein weiteres Moment hergeben, um eine Scheidung der Wurzeln vorzunehmen, zumal wenigstens das feststeht, χ, welches sich nur in Wörtern, die sich auf liegen beziehen, findet, komme nie in λέγω mit Genossenschaft in übertragenem Sinne vor. Ja, diesem, wie überhaupt dem Verb in allen Bedeutungen, gebührt allein γ (nicht χ), da συνείλοχα und dergleichen natürlich nicht zu rechnen sind. Auch führt ausserhalb des Griechischen nichts auf χ als Grundlaut, es sei denn etwa im Germanischen vermittelst der Lautverschiebung λέχος, goth. ligrs u. s. w."

Jacob Grimm führt in seiner Geschichte der deutschen Sprache, 3. Auflage I. Band S. 288, irrthümlicher Weise λέγεσθαι als den Inf. Praes. Med. der Wurzel ΛΕΧ an, und sagt: „Die gothische Wurzel ist ligan, deren g von dem des griechischen λέγεσθαι nicht verschoben erscheint."

Die richtige Form λέχεσθαι würde aber, wenn sie sich in der griechischen Literatur fände, uns zeigen, dass das Gesetz der Lautverschiebung bei diesen Formen genau beobachtet ist; denn wir haben Griechisch ΛΕΧΕΣΘΑΙ, Gothisch ligan, Ahd. lekar (Lager).

K. W. Krüger scheidet in seinem Buche über die griechischen Dialekte § 39 S. 134 ebenfalls beide Wurzeln, er trennt aber auch λέγω sammeln von λέγω reden, was durchaus verfehlt ist; λέγω sammeln und λέγω reden sind ein Wort mit der Grundbedeutung auflesen, sammeln. Die weitere Entwickelung dieser Grundbedeutung ist weiter unten von uns zu verfolgen.

Einen ähnlichen Fehler begeht auch Veitch (Greek Verbs irregular and defective. Oxford 1871, S. 366, 367), der λέγω to say, tell von λέγω to lay, number, gather, choose trennt. *λέχω to lay hat aber, wie wir gesehen, mit λέγω to number nichts zu thun und λέγω to say, tell darf von λέγω to number, gather, choose nicht getrennt werden.

G. Curtius, der auch beide Wurzeln scheidet, bespricht

die Wurzel *ΛΕΧ* liegen auf S. 193. 194 seiner Grundzüge der griech. Etymologie⁴, die Wurzel *ΛΕΓ* sammeln auf S. 366.

Auf seine Untersuchungen werden wir weiter unten näher einzugehen Gelegenheit haben. Er fügt auch Angaben über die Literatur der beiden Wurzeln hinzu. Auch L. Döderlein betont die Scheidung der beiden Wurzeln in seinem homerischen Glossarium §. 2051 Bd. III S. 83 und weist darauf hin, dass von der Wurzel *ΛΕΧ* nur Aorist und Futur. erscheinen; als Präsensform dieser Wurzel nimmt er nach Analogie von δέχεσθαι und δέκειν die Doppelform λέχειν und λέκειν an. Merkwürdig ist, dass, während der Index von Seber zum Homer in seiner ältesten Ausgabe vom Jahre 1604 schon wenigstens die gleichlautenden Formen der Wurzeln *ΛΕΓ* und *ΛΕΧ* in richtiger Weise auseinanderhält, die beiden Wurzeln im V. Band des von Hase und den beiden Dindorf herausgegebenen Thesaurus (Paris 1842—1843) des Henricus Stephanus noch immer mit einander identificirt werden, und zwar immer auf die Autorität des Eustathius hin. — Ihren letzten eifrigen Vertheidiger hat die Identification der beiden Wurzeln in Geist gefunden, der in Zimmermann's Zeitschrift für Alterthumswissenschaft, Jahrgang IV. 1837. S. 1260 an ihr trotz Buttmanns Einwendungen festhält.

Seine Gründe sind natürlich nicht stichhaltig [1]).

§. 2.

Sehen wir nun zu, was uns die Sprache Homers und Hesiods an zugehörigen Wörtern und Formen bietet.

Der Vollständigkeit wegen sind dieser Uebersicht auch schon die Wörter zugefügt, deren Zugehörigkeit erst aus den im folgenden Capitel enthaltenen Untersuchungen hervorgehen wird. In Bezug auf die vollständige Anführung der Stellen Homers und Hesiods, die diese Wörter enthalten, und die Be-

---

1) Auch Lehrs (Aristarch² S. 147) hält die Wurzeln nicht richtig aus einander, da er λέγεσθαι gleich ἐγκοιμηθῆναι setzt.

sprechung der Bedeutung derselben muss aber auf das dritte Capitel dieser Schrift verwiesen werden.

I. Uebersicht der Verba.

a. Bei Homer.

Die Wurzel ΛΕΧ.
*λέχω
*καταλέχομαι
*παραλέχομαι
*παρακαταλέχομαι
*προςλέχομαι
λοχάω

Die Wurzel ΛΕΓ.
λέγω
καταλέγω
ἀναλέγω
διαλέγομαι
ἐπιλέγομαι
προλέγω
συλλέγω
μυθολογεύω
ἀλέγω
ἀλεγίζω
ἀλεγύνω
ἀλογέω.

b. In den Homerischen Hymnen.

*παραλέχομαι
λοχεύω

λέγω
καταλέγω
ἀλέγω
ἀλεγίζω
ἀλεγύνω.

c. Bei Hesiod.

*λέχομαι
*καταλέχομαι
*παραλέχομαι

λέγω
καταλέγω
προςλέγομαι
ἀλέγω
ἀλεγίζω.

Uebersicht der verbalen Formen.

a. Bei Homer.

Activum.

Praesens.

Wurzel *ΛΕΧ.* Wurzel *ΛΕΓ.*
kommt nur von λοχάω vor.   kommt vor von λέγω
                                              ἀναλέγω
                                              μυθολογεύω
                                              ἀλέγω
                                              ἀλεγίζω
                                              ἀλεγύνω
                                              ἀλογέω.

Imperfectum.

fehlt.   kommt vor von λέγω
                                              ἀναλέγω
                                              ἀλεγίζω
                                              ἀλεγύνω.

Aorist I.

kommt vor von *λέχω (ἔλεξα)   kommt vor von ἀναλέγω
            λοχάω   καταλέγω
                                                συλλέγω.

Futurum.

fehlt.   kommt vor von ἀλογέω
                                              λέγω
                                              καταλέγω.

Medium.

Praesens.

fehlt.   kommt vor von λέγομαι
                                              ἐπιλέγομαι.

Imperfectum.

fehlt.   kommt vor von ἐπιλέγομαι.

Aorist I.

Wurzel *ΛΕΧ*.

kommt vor von *λέχω (ἐλεξάμην)
λοχάω
*καταλέχομαι (κατελεξάμην)
*παραλέχομαι (παρελεξάμην)

Wurzel *ΛΕΓ*.

kommt vor von λέγω
διαλέγομαι
συλλέγω.

Aorist II ohne Bindevocal.

kommt vor von *λέχω (ἐλέγμην)
*καταλέχομαι (κατελέγμην)

kommt vor von λέγω.

Passivum.

Perfectum.

fehlt.

kommt vor von προλέγομαι im Particip.

Aorist I.

fehlt.

kommt vor von λέγω.

Die übrigen Formen fehlen; gleichlautende Formen von den Wurzeln *ΛΕΓ* und *ΛΕΧ* sind nur der Aorist I Medii: ἐλεξάμην und der Aorist II Medii ohne Bindevocal: ἐλέγμην; diese gleichlautenden Formen hält schon Sebers Index zum Homer in richtiger Weise aus einander; schon da heisst es z. B., dass die Form λέξατο Il. 21. 27 dem Verbum λέγω, Il. 4. 131 (an dieser Stelle später die Lesart λέξεται) dem Verbum *λέχω angehört.

b. In den Homerischen Hymnen.

Zu den in der Ilias und Odyssee erscheinenden Formen kommt nur noch der Aor. I Act. von λοχεύω, ἐλόχευσα, hinzu.

c. Bei Hesiod.

Activum.

Praesens.

Wurzel *ΛΕΧ*.
fehlt.

Wurzel *ΛΕΓ*.
kommt vor im Infinit. von λέγω.

Aorist I.

Wurzel *ΛΕΧ*. Wurzel *ΛΕΓ*.
fehlt. kommt vor von καταλέγω.

Medium.
Aorist I.

kommt vor von *παραλέχομαι. kommt vor von προςλέγομαι.

Aorist II ohne Bindevocal.

kommt vor von *λέχομαι. fehlt.

Futurum.

kommt vor von *καταλέχομαι. fehlt.

Adject. verbale.

fehlt. kommt vor von λέγω.

II. Substantiva.

a. Bei Homer.

τὸ λέχος ὁ λόγος
τὸ λέκτρον ἡ λέσχη (?) siehe unten.
ἡ ἄλοχος
ὁ λόχος
ἡ λόχμη.

b. In den Homerischen Hymnen.

τὸ λέχος ὁ λόγος.
ἡ ἄλοχος.

c. Bei Hesiod.

τὸ λέχος ὁ λόγος
ἡ ἄλογος ἡ ἀμφιλογία
ὁ λόχος. ἡ λέσχη (?).

III. Adjectiva.

a. Bei Homer.

λεχεποίης παλίλλογος, ον.
ναύλοχος, ον.

b. **In den Homerischen Hymnen.**

Wurzel *ΛΕΧ*.   Wurzel *ΛΕΓ.*
λεχεποίης   μαψίλογος, ον.

c. **Bei Hesiod.**

δειπνολόχος, ον.   —

IV. **Adverbia.**

a. **Bei Homer.**

—   ἀπηλεγέως.

b. **In den Homerischen Hymnen.**

—   ἀπηλεγέως.

§. 3.
Die Perfectformen der Wurzel *ΛΕΓ.*

Einige Verbalformen, die wir bei Homer und Hesiod noch nicht antreffen, die aber sehr interessant sind, haben wir noch zu betrachten. Es sind dies die der Wurzel *ΛΕΓ* angehörigen Perfectformen εἴλοχα, εἴλεχα und λέλεχα. Homer bietet uns eine einzige Perfectform und diese ist ganz regelmässig gebildet, nämlich das Il. 13. 689 erscheinende Particip. Perfect. Passiv. προλελεγμένοι. Die übrigen eben angeführten Perfecta fehlen vollständig bei Homer; die mit regelmässiger Reduplication gebildete Form λέλεχα erscheint erst ganz spät. Wir treffen sie erst bei Galen. Ein hiebei wohl zu beachtender Umstand ist der, dass zu einer Zeit, da das active Perfect εἴλοχα lautete, im Medium dennoch λέλεγμαι üblich war (Curtius Verb. II S. 130). Das Fehlen von εἴλοχα bei Homer beweist also nicht viel. Das active Perfect ist dort überhaupt beschränkt. Nur das χ ist unbedingt unhomerisch.

Die eben angeführten, durch die eigenthümliche Reduplication gekennzeichneten Perfecta stehen nicht ganz vereinzelt da; wir haben einige analog gebildete Perfecta anzuführen, die Georg Curtius, Griechisches Verbum Bd. II S. 128 ff. behandelt. Es sind dies εἴληφα (λαμβάνω), εἴληχα (λαγχάνω), εἵμαρται (μείρομαι) und εἴρηκα (ἐρῶ); εἴληφα = ich habe erlangt, stellt **Leo Meyer, Kuhns Zeitschrift Bd. XXIII S. 410**, zu der Sanskritwurzel grabh, goth. greipan = greifen „neben der frühe, wie er hinzufügt, sich ein glabh gebildet haben wird." G. Curtius dagegen stellt **Grundzüge**[4] **S. 520** die Wurzel zu Sanskr. labh, obtinere, adipisci.

Den Uebergang von bh in β vermittelt er, indem er λαβ auf λαμβ zurückführt und **dabei** annimmt, dass in λαμβ, das wir auch im Ionischen Futur. λάμψομαι und **Aorist.** Pass. ἐλάμφθην antreffen, der vorhergehende Nasal den Hauch aufhob. Analogien dafür führt er Grundzüge[4] S. 519. 520 an.

Das Perfect εἴληφα erklärt sich nun Leo Meyer als aus ἔγληφα hervorgegangen. γλ war nach ihm eine im Inlaut nicht beliebte Consonanten-Verbindung. G. Curtius aber findet „den Schlüssel zu diesen Perfecten in der Metathesis".

Verfolgen wir für's erste nur das Perfect εἴληφα, so haben wir nach Curtius folgende Uebergänge:

„Aus λέληφα ward, indem sich ein irrationelles ε im Anlaut vorschob, ἐλέληφα, dann mit Unterdrückung des zweiten Vocals ἔλληφα und endlich, indem das erste λ einen Theil seines Stimmlautes an den vorherigen Vocal abgab, εἴληφα." (Verbum der griechischen Sprache Bd. II S. 131.) Siegismund (Studien V. Band S. 211 und 212) giebt dieselbe Erklärung; ebenso Brugman **Stud.** IV S. 102 u. 124 [1]).

Sie ist entschieden sehr beachtenswerth; die Wurzeln sanskr. labh und griechisch λαβ entsprechen sich der Form und der Bedeutung nach und die Art und Weise, wie sich Brugman, Curtius und Siegismund die eigenthümliche Reduplication dieses Perfects erklären, ist sehr annehmbar.

Für λαγχάνω nimmt Leo Meyer auch eine mit γ anlautende Wurzel, nämlich γλαχ **an,** aber auch hier sind wir nicht

---

1) Wie bei dieser Stufenfolge der Formen von Metathesis gesprochen werden kann, da εἴληφα doch erst durch *ἐ-λέ-ληφ-α aus λέληφα erklärt wird, vermag man erst zu verstehen, wenn man die Mittelstufe *ἐ-λέληφ-α nicht berücksichtigt. Daher sagt auch Siegismund a. a. O. p. 212 Z. 6: „habemus igitur in his haud dubie non veram metathesim, sed prothesim et syncopen, quodammodo coniunctas cet."

dazu genöthigt, ein anlautendes γ anzunehmen, denn die Perfectform εἴληχα ist in ganz analoger Weise wie εἴληφα zu erklären; auch für sie nehmen G. Curtius, Siegismund und Brugman folgende Lautübergänge an: λέληχα, ἐλέληχα, ἔλληχα, εἴληχα.

Brugman bemerkt vorsichtiger Weise speciell über dieses Perfect (a. a. O. S. 124) „de εἴληχα radice omnino nihil adhuc constat", aber auch er nimmt wohl die eben angeführten Lautübergänge an, sonst würde er doch εἴληχα nicht zu den oben angeführten Perfecten stellen.

Bei dem Verbum εἵμαρται = es ist durch's Schicksal bestimmt, ist es interessant, dass die Plusquamperfectform εἵμαρτο schon bei Homer (Il. 21. 281) und Hesiod (Theogonie V. 894) mit dieser Reduplication erscheint. Das Perfect εἵμαρται findet sich bei den Attikern von Aeschylos an. (Curtius, Griech. Verb. Bd. II S. 130.) In Bezug auf die Erklärung dieser eigenthümlichen Reduplication gehen die Ansichten der Gelehrten wieder sehr aus einander. Leo Meyer lässt es aus σέσμαρται entstanden sein und stellt es also zu der Sanskritwurzel smar, denken.

Curtius (Grundzüge[4] S. 332) ist der Reduplication wegen auch dazu geneigt, die Bedeutung der altindischen Wurzel smar, denken, hält ihn aber davon ab; er meint, die Bedeutungen von εἵμαρται und die Wurzel smar seien schwer vereinbar; daher stellt er es zu der Wurzel μερ = erhalte Antheil, mit der er auch lat. mereo, mereor in Zusammenhang bringt.

Brugman ist der Ansicht, dass das active Perfect ἔμμορα es uns beweise, dass εἵμαρται aus ἔμμαρται entstanden sei; das εμμ erklärt er sich mit Pott (Etymolog. Forschungen II[2] 388 ff.) durch Metathesis aus μεμ entstanden, fügt aber selbst hinzu, dass er ein anderweitiges Beispiel der Metathesis von με vor μ nicht aufzuweisen vermag. Ueber den Spiritus asper bei εἵμαρται geht er vollständig mit Stillschweigen hinweg; in Bezug auf diesen macht Curtius die Bemerkung, dass „ein hysterogener Spiritus asper auch sonst nicht wegzuleugnen ist." (Griechisches Verbum Bd. II S. 131.)

Ein noch weiteres Eingehen auf das Perfect εἵμαρται würde uns hier zu weit führen. — Blicken wir auf die oben besprochenen Ansichten zurück, so wird es uns klar, dass die Perfectform in Bezug auf ihre lautliche Gestaltung richtiger von Leo Meyer durch die Zusammenstellung mit der Wurzel smar = denken, in Bezug auf ihre Bedeutung richtiger von G. Curtius durch die Anreihung an die Wurzel μερ = Antheil erhalten, gedeutet wird.

Bei dem Perfect εἴρηκα sind sowohl Leo Meyer als auch G. Curtius darüber einig, dass diese Form ein Digamma verloren haben muss. Während aber Leo Meyer sie aus Ϝέϝρηκα hervorgehen lässt, führt G. Curtius sie nach Analogie von ἔ-γνωκα auf ἔ-ϝρηκα zurück, wozu ihn besonders auch das Substantiv εἰρήνη veranlasst, das seiner Meinung nach „doch wahrscheinlich aus ἐ-ϝρήνη mit prothetischem ε entstanden ist."

Nachdem wir nun die vier Perfecta εἴληφα, εἴληχα, εἵμαρται und εἴρηκα in Bezug auf ihre eigenthümliche Reduplication betrachtet, müssen wir endlich zu dem uns ganz besonders interessirenden Perfectum εἴλοχα zurückkehren, um dessentwillen wir ja die übrigen Perfectformen untersucht haben.

Leo Meyer macht (Kuhns Zeitschrift Bd. XXIII S. 410) die Reduplication von εἴλοχα zum Ausgangspunkte seiner Untersuchungen über die Stellung der Wurzel ΛΕΓ im indogermanischen Sprachsystem. Er nimmt an, dass εἴλοχα und εἴλεγμαι nicht aus λέλοχα und λέλεγμαι entstanden sein können, und dass sie leicht vermuthen lassen, dass ihr anlautendes ει in der Verdrängung eines vor dem λ einst vorhandenen Consonanten seinen Grund hat. So nimmt er denn für λέγω eine alte Wurzelform γλεγ oder γλαγ an.

„In Bezug auf γλεγ", fährt er dann fort, „ist eine verschiedenartige Entstehung denkbar: entweder ist an die Weiterbildung einer einfachen Wurzel gal (umgestellt gla) oder gar durch zugefügten tönenden Guttural zu denken oder an alte Reduplication und dann im zweiten Theil Verstümmeltheit einer Wurzel gal (galgal oder auch glagal)."

Die entsprechende Wurzel gal oder gar findet Leo Meyer

nun in dem Sanskrit-Wort gaṇa, Masc. = „Schaar, Reihe (von Lebendigem und Leblosem), Gefolge, Anhang", das, wie er nachweist, aus garna entstanden sein muss, wieder und auch in dem von diesem abgeleiteten Verbum gaṇayati = zusammenzählen, zählen, aufzählen, berechnen; auch Sanskr. grâma, M. = „Einwohnerschaft, Gemeinde, Stamm; Dorfschaft, Dorf, Schaar, Haufen, Heerhaufen" und aus dem Lateinischen legiôn- Heeresabtheilung und greg: Heerde stellt er zu dieser Wurzel gal oder gar. Minder bestimmt bringt er auch ἀγείρω, zusammenbringen, versammeln, damit in Zusammenhang, „dessen anlautendes α gewiss kein müssiger Zusatz, sondern eher der Rest einer alten Reduplicationssilbe ist."

Bilden wir zu der von Leo Meyer aufgestellten Wurzel γλεγ ein Perfect. act., so muss es *γέγλοχα lauten; aus *γέγλοχα folgert Leo Meyer wohl εἴλοχα, indem statt des ausfallenden inlautenden γ Ersatzdehnung eintritt.

Ein ausfallendes γ vermag aber nicht, wie Brugman, Studien IV S. 65 ff. nachgewiesen hat, eine Ersatzdehnung zu bewirken, denn γ ist ja ein Explosivlaut und nur Dauerlaute, also im Griechischen F, σ, ϱ, λ, μ, ν und das nasale γ, veranlassen, wie Brugman zeigt, Ersatzdehnung. Brugman, Studien Bd. IV S. 65: „Non quaelibet consonans compensatione explodi potest, sed eae tantum consonantes, quae dicuntur continuae."

Es ist daher schwierig, der Reduplication ει in εἴλοχα wegen auf eine Wurzelform γλεγ oder γλαγ zu schliessen und diese bis in's Sanskrit zurück zu verfolgen.

Ganz so wie bei εἴληφα, εἴληχα etc. haben wir uns also auch bei εἴλοχα die Reduplication zu erklären. Wir haben demnach die Lautübergänge: λέλοχα — ἐλέλοχα — ἔλλοχα — εἴλοχα.

In Bezug auf den o-Vocal in der Perfectform εἴλοχα verweise ich auf G. Curtius, Griechisches Verbum Bd. II S. 187 ff., der dort 24 Perfecta anführt, die „durch Verwandlung des im Präsens-Stamme herrschenden ε-Lautes in den o-Laut characterisirt sind, und auf Leo Meyer, der Vergleichende Grammatik der griech. u. latein. Sprache Bd. I S. 113 ff. davon handelt.

Interessant ist die Perfectform λέλογα aus dem Hesychios. Hier ist die Reduplication noch ganz regelmässig gebildet, die Aspiration noch nicht eingetreten, wohl aber schon die Verwandlung des ε in ο.

Auch die eigenthümliche Erscheinung der Aspiration bespricht Curtius S. 194 ff.; S. 200 und 201 führt er 37 Perfecta an, die ausser εἴλοχα noch die Aspiration zeigen.

Uhle erörtert (Sprachwissenschaftliche Abhandlungen hervorgegangen aus Georg Curtius grammatischer Gesellschaft, Leipzig 1874, S. 59—70) die Vocalisation und Aspiration des griechischen starken Perfects. S. 66 führt er εἴλοχα unter den Perfecten auf, die die Verwandlung des ε in ο erfahren haben, S. 67 aber giebt er „λέλεχα (habe gesagt, Galen), ἐξείλεχα (ich habe ausgewählt, Aristides) und λέλεγα (Hesych.)" als Ausnahmen an. Auf diese Ausnahmeformen gestützt, zählt er S. 69 λεγ unter denjenigen Stämmen auf, „die in der Tempusbildung keine Vocalsteigerung annehmen", wohl aber ihre Endconsonanten aspiriren.

Das ist aber kein richtiges Verfahren, denn die eben augeführten Formen λέλεχα, εἴλεχα und λέλεγα sind der Form εἴλοχα gegenüber vereinzelt; nur bei den Compositis in dem medialen Perfect treffen wir häufig die Form εἴλεγμαι.

Uhle muss daher den 11 Perfectformen, die seiner Ansicht, „dass Aspiration und Dehnung sich als gleichwerthig und gegenseitig sich ausschliessend gegenüber stehen", als Ausnahmen von ihm selbst entgegengestellt werden, auch noch die Form εἴλοχα, die sowohl Vocalwechsel als auch Aspiration zeigt, hinzufügen.

Die einzige Perfectform der Wurzel ΛΕΓ bei Homer ist, wie wir oben sahen, das Il. 13. 689 erscheinende Particip. Perfect. Pass. προλελεγμένος. Diese mit vollständig regelmässiger Reduplication gebildete Form findet sich auch noch in ganz entsprechendem Sinne Theocrit 13, 18. Ueberhaupt sind derartig gebildete mediale Perfectformen der Wurzel ΛΕΓ recht häufig; so sagt G. Curtius, Griechisches Verbum Bd. II S. 130, dass λέλεκται = εἴρηται ganz allgemein ist. Die Composita besitzen auch zahlreiche ebenso gebildete Perfectformen, die von G. Curtius, Kühner (Ausführliche Grammatik² S. 858 u. 859) und Veitch (Greek Verbs irregular and defective, Oxford 1871, S. 366 u. 367) angeführt werden.

Interessant ist die Wahrnehmung dabei, die Kühner am angeführten Ort S. 509 Anm. 6 macht, wonach λέγω nur in der Bedeutung ich sammele, also in der ursprünglicheren, und nur in Compositis die Reduplication ει annimmt, und zwar, wie wir bereits auch oben gesehen haben, häufiger im Perfect. Act. als im Perf. Med. oder Pass. „Das Perfect des Simplex in der Bedeutung sagen hat die regelmässige Reduplication λέλεγμαι. Aber διαλέγομαι, unterrede mich, hat Perfect διείλεγμαι." Die Formen λέλεγα und λέλογα werden nur von Grammatikern angeführt.

Fassen wir die aus den bisherigen Untersuchungen gewonnenen Resultate zusammen:

1) Die Wurzeln ΛΕΓ und ΛΕΧ haben weder der Form, noch der Bedeutung nach etwas mit einander zu thun.
2) Die Wurzel ΛΕΧ hat, abgesehen von der Stelle des Hesychios, nirgends eine Präsensform aufzuweisen.
3) Die Wurzel ΛΕΧ hat nirgends den Wurzelauslaut γ. Der Aor. II Med. ohne Bindevocal kommt nicht in Betracht dabei.
4) Die Wurzel ΛΕΓ hat, abgesehen von den späteren Perfectbildungen εἴλοχα und λέλεχα, nirgends den Wurzelauslaut χ.
5) Die Perfectformen εἴλεχα und εἴλοχα, die bei Homer noch nicht vorkommen, sind durch Metathesis und Ersatzdehnung aus λέλεχα und λέλοχα entstanden (cf. oben p. 14, Anm.).

Capitel II.

Die Stellung der Wurzeln ΛΕΧ und ΛΕΓ im indogermanischen Sprachensystem und die zu ihnen gehörigen Wörter.

§. 1.
Die Wurzel *ΛΕΧ* liegen.

Diese Wurzel nimmt A. Fick (Vergleichendes Wörterbuch[3] I. B. S. 749, und ausführlicher noch Spracheinheit der Indogermanen Europa's S. 361) mit Recht in den Sprachschatz der europäischen **Spracheinheit** auf; als europäische Wurzel erschliesst er die **Form lagh**.

Im **Lateinischen finden** wir kein dieser Wurzel angehöriges Verb, **wohl aber** ein Substantiv, nämlich lectus = Bett mit den **eng dazu** gehörenden Formen lectulus, Bett, Lagerstätte, lectica, Sänfte, und lectisternium, Götterschmaus.

Fick stellt auch **eine** von der Wurzel lagh abgeleitete europäische Grundform lagha, Festsetzung, Lage, Bedingung, **Gesetz** auf, zu der er lat. **lex, legis F.**, collēga, lēgâre, legatus, **altnord. lög**, Pl. Neutr. **Gesetz**, gesetzlicher Verband, gesetzliche Gemeinschaft, ūtlagr = exlex; lags-madhr = Gefährte, vgl. collēga, ags. lagu F. = lex, jus; as. lag, „Plur. lagu, Neutr. = statutum, decretum" stellt.

Lottner (Kuhns Zeitschrift Bd. VII, 167 u. Bd. XI, 179) und **Bugge** (Studien IV S. 206) theilen **Ficks** Meinung über die Etymologie von lat. **lex**, wobei letzterer noch ganz richtig dazu bemerkt: „Man muss hier wohl, wie bei λέκτο (er legte sich) von der transitiven Bedeutung „legen", nicht von der neutralen „liegen" ausgehen."

Bugge identificirt auch osk. lig mit lat. leg, ohne aber die schwierigen Lautverhältnisse, die auch G. Curtius (Grundzüge⁴ S. 367) bedenklich erscheinen, genügend erklären zu können.

Corssen (Vocalis. etc.² Bd. I S. 444) stellt lat. lex = bindende Satzung, Verfügung, Gesetz mit den oskischen Formen lig-ud (Ablat. Sing.) bindende Satzung, Gesetz und lig-is (Ablat. Plur.) bindende Gesetze, Bestimmungen zusammen; die Wörter beider Sprachen weist er aber einer ganz anderen Wurzel zu, nämlich der Sanskrit-Wurzel lag, anheften, anhaften, die im Lateinischen als lig erscheint und zu der er das lat. Verb ligare mit seinen Compositis, legare, die Substantiva religio, collega, collegium etc. stellt.

Auch Ascoli (Kuhns Zeitschrift XVII, 256) ist der Ansicht, dass „oskisch lig und lat. lĕg (lex) eher unter ligare als unter Wurzel gr. λεχ" gehören.

Mit ihm stimmt auch Schweizer-Sidler (Kuhns Zeitschrift XVIII, 306) überein, der aber die deutschen oben angeführten Wörter der Wurzel ΛΕΧ zuweist.

Haben aber nicht Lottner und Bugge das Richtige getroffen, wenn sie auch die italischen Wörter zu der Wurzel ΛΕΧ stellen? Von Seiten der Laute stellt sich uns keine Schwierigkeit entgegen, wenn wir annehmen, dass das oskische ligud, dessen g aus gh nicht erklärt werden kann (Ascoli a. a. O. S. 256, G. Curtius a. a. O. S. 367), ein Lehnwort aus dem Lateinischen ist*); allerdings fällt das i auf.

Ausdrücke, die sich auf das Gerichts- und Beamtenwesen beziehen, werden, wie uns das oskische aidilis, das entschieden dasselbe Wort wie das lateinische aedilis ist, zeigt, häufig entlehnt.

Das lateinische lĕx, lēgis macht uns in lautlicher Beziehung keine Schwierigkeiten, da lat. g im Inlaut sehr häufig

---

*) Den Hinweis darauf verdanke ich Herrn Professor Osthoff; wäre osk. aidilis nicht als Fremdwort aus dem Latein. entlehnt, müsste es nach den osk. Lautgesetzen aifil lauten.

das griechische χ vertritt (Leo Meyer, Vergleichende Grammatik Bd. I S. 48. 49; G. Curtius, Grundzüge[4] S. 189). Das lange e ist, wie es so oft vorkommt, aus dem Nominat. Sing. in die übrigen Casus übergegangen.

Die Bedeutung von lex verhindert uns auch nicht, es mit der Wurzel $ΛEX$ liegen in Zusammenhang zu bringen. Dass lex unmöglich „Spruch" bedeuten kann, weist G. Curtius Grundzüge[4] S. 367 nach; interessant sind die Bedeutungsanalogien, die er dort aus dem Griechischen anführt: οἱ κείμενοι νόμοι = die liegenden d. h. niedergelegten Gesetze und ἡ θέ-μι-ς (τίθημι) das Festgesetzte, Satzung, Gesetz. Genau nach dieser Bedeutungsentwickelung haben wir lat. lex und die oben angeführten germanischen Wörter zu erklären.

Aus dem Altirischen ist nach Fick und E. Windisch (G. Curtius, Grundzüge[4] S. 194) lige Bett zu der Wurzel $ΛEX$ zu stellen, aus dem Litthauischen ligà Wiege.

Aus dem Kirchen-slavischen gehören dazu: ležati = liegen (zu vergleichen, russisch ležati = liegen), lešti sich legen. Näheres darüber zu finden in Leskiens Handbuch der altbulgarischen Sprache S. 204; ložiti legen; Subst. lože, Neutrum = Lager (russisch lože) und Adjectiv sąlogŭ = σύγκοιτος, consors tori. Miklosich, Lexicon S. 978.

Die Wurzel lautet auf slavischem Sprachgebiet auf einen tönenden Guttural aus = leg.

Das ž ist durch Einfluss eines j entstanden; so ist z. B. lože aus *logjo hervorgegangen. (Leskien, Handbuch S. 14 und 37.)

Aus dem Gothischen gehört dazu von verbalen Formen ligan = liegen nebst einigen Compositis und das Causativum lagjan = legen; von Substantivis ligrs, Lager, Beilager, galigri (nur Röm. 9, 10) Beilager und lageins Legung in den Compositis af-ana-faurlageins.

Das Althochdeutsche bietet likkan = liegen, durch Lautangleichung wohl aus likjan entstanden, und das Causativum lekjan = legen (zu vergleichen Weigand, Deutsches Wörterbuch I. Bd. S. 950, wo auch die übrigen zugehörigen althochdeutschen, angelsächsischen, altfriesischen und altnordischen Wörter **aufgezählt** sind); das **Mittelhochdeutsche ligen** = **liegen**, das schwache Causativum **legen**, **lâgen** = **auflauern**; **leger**, starkes Neutrum = **Lager**; das **Neuhochdeutsche liegen**, **legen**, **Lager** u. s. w. (Weigand, Deutsches Wörterbuch S. 894, 920, 950).

In allen Hauptgruppen der indogermanischen Sprachen Europa's also ist die Wurzel $ΛEX$ **vertreten**. Das weitere Verfolgen der in den verschiedenen **Sprachen zu dieser** Wurzel gehörigen Wörter **würde** uns aber zu weit **führen**; wir müssen uns **darauf beschränken**, einige griechische **Wörter** näher zu betrachten. Die bei Homer erscheinenden zugehörigen Wörter: die **Verba**: *λέχω, *καταλέχομαι, *παραλέχομαι, *παρακαταλέχομαι, *προςλέχομαι; die **Substantiva**: τὸ λέχος, τὸ λέκτρον, ἡ ἄλοχος, ὁ λόχος, ἡ λόχμη; die **Adjectiva**: λεχεποίης, ναύλοχος, δειπνολόχος werden im III. Capitel bei Gelegenheit der Bedeutungsentwickelung der Wurzel $ΛEX$ eingehend zu untersuchen sein; hier haben wir einige in **der** späteren **Sprache** sich findende Wörter anzuführen.

In der späteren griechischen Literatur **finden** wir namentlich sehr viel Wörter, **die** mit λόχος im engsten Zusammenhang stehen, **so das** Verb λοχίζω, das schon bei Herodot erscheint und seiner Bedeutung wegen interessant ist; es bedeutet nämlich „einem in dem Hinterhalt aufpassen", aber auch **schon**, sich anschliessend an die abgeleitete Bedeutung von λόχος = Schaar, „in λόχους abtheilen".

An λόχος in dieser abgeleiteten Bedeutung „Schaar" schliesst sich auch die Tatpurusha-Zusammensetzung ὁ λοχαγός = Anführer eines λόχος, die bei den **Tragikern** und bei Xenophon u. A. vorkommt.

Das sich an λέχος anschliessende Substantiv ἡ λεχώ (bei alexandrinischen Dichtern λεχωῖς) = Kindbetterin findet sich zuerst bei **Euripides und** Hippokrates; ἡ λοχεία = die Geburt kommt **zuerst bei** Euripides vor, das damit eng zusammenhängende Verb λοχεύω = gebären, erzeugen, schon in dem **Homer** zugeschriebenen **Hymnus** auf Merkur V. 230.

Eine vollständige Aufzählung der zu **der** Wurzel $ΛEX$ **liegen** gehörigen Wörter liegt nicht im **Plane** dieser **Arbeit**;

in Bezug darauf muss auf Potts und Benfeys Zusammenstellungen verwiesen werden. Pott giebt sie im III. Bande seiner etymologischen Forschungen S. 606 u. f., Benfey in seinem griechischen Wurzelwörterbuch Bd. II S. 317. Auch der Index zum Homer und Pindar von Duncan und Damm, neu herausgegeben von Rost, zählt auf S. 1235 die zugehörigen Wörter auf.

§. 2.
Die Wurzel ΛΕΓ sammeln.

Während G. Curtius in seinen Grundzügen der griechischen Etymologie[4] S. 366 das gothische lisan sammeln, das lettische lasz-it sammeln und litthauische lesti auflesen, api-las-ùs, wählerisch zu der Wurzel ΛΕΓ stellt, führt A. Fick in seinem vergleichenden Wörterbuche[3] II. Bd. S. 227 die Wurzel ΛΕΓ als eine blos graeco-italische an. Trotz der verführerischen Uebereinstimmung in der Bedeutung ist es doch sehr bedenklich, das gothische lisan mit λέγειν und legere zusammen zu bringen.

G. Curtius nimmt für die deutschen, litthauischen und irischen Wörter einen mit s weiter gebildeten Stamm laks an, der im Gothischen nach Ausfall eines Gutturals durch ein s weiter gebildet sein soll.

Eine derartige Weiterbildung einer Wurzel durch s ist nicht ohne Beispiele; so giebt es z. B. neben der Wurzel ak den durch s erweiterten Stamm aks, auf den z. B. gr. ὀξύς zurückzuführen ist. (Curtius, Grundzüge[4] S. 131. Johann. Schmidt, Die Wurzel ak S. 14.) Doch wird es vielleicht richtiger sein, sowohl die von Curtius nur mit einem Fragezeichen zu der Wurzel ΛΕΓ gestellten Wörter der litthauischen und lettischen Sprache als auch gothisch lisan, ahd. lësan, mhd. lësen, nhd. lesen mit Fick[3] II. Bd. S. 453 zu einer litthauisch-deutschen Wurzel las, lesen zu stellen.

An den von Fick angedeuteten Zusammenhang von λέγειν und legere mit dem gothischen rikan sammeln, häufen ist eher zu denken; rikan kommt aber nur ein einziges Mal vor, Röm. 12, 20 thata auk taujands haurja funins rikis ana haubith is, wo es das griechische σωρεύσεις übersetzt, und wenn es auch lautlich mit λέγειν und legere übereinstimmen kann, da l einem r entsprechen kann und g nach dem Lautverschiebungsgesetz k im Gothischen werden muss, auch die Vocalverhältnisse keine Schwierigkeiten machen, indem der ursprüngliche a-Vocal im Griechischen zu ε, im Gothischen zu i geschwächt erscheint, so ist doch der Zusammenhang der Verba nicht sicher zu beweisen, da rikan nur an einer einzigen Stelle erscheint und somit die Bedeutung desselben nicht ganz genau festgestellt werden kann.

An dem engsten Zusammenhange zwischen λέγειν und logere kann aber gar nicht gezweifelt werden; sie stimmen formell überein und auch vielfach in ihrer Bedeutungsentwickelung, denn beide bedeuten ursprünglich sammeln. Das Lateinische hält aber viel zäher an der Grundbedeutung fest. „Es ist characteristisch für den grösseren Conservatismus des Lateinischen", sagt Romundt (S. 31), „dass lego sich nie von der Grundbedeutung des sammeln entfernt hat und zwar des sammeln von etwas ausser uns Liegendem."

Zu legere gehören sehr interessante und wichtige lateinische Wörter, so z. B. legio, das nach Fick folgende Bedeutungsentwickelung gehabt hat: Sammlung, Lese = „Aushebung", „ausgehobene Mannschaft".

Im Griechischen finden wir die Wurzel ΛΕΓ sehr reich entwickelt. Homer und Hesiod lieferten uns eine stattliche Anzahl hierher gehöriger Wörter, die weiter unten noch besprochen werden müssen. Die spätere griechische Sprache weist mehrere noch hinzukommende Wörter auf, die von Interesse sind. So ἡ λέξις, das Sprechen, Reden, besonders in Bezug auf die Form = Ausdruck, Stil, so das Verb λογίζομαι, das bei Herodot das Rechnen, Berechnen, aber auch schon das mehr abstracte Ueberlegen, Erwägen bezeichnet, so namentlich das Femininum des durch das so häufige Suffix -ικος vom Substantiv λόγος abgeleiteten Adjectivs λογικός ἡ λογική sc. τέχνη, die seit Aristoteles üblich gewordene Bezeichnung für die Wissenschaft des abstracten Denkens — die Logik.

Zu der Wurzel *ΛΕΓ* wird gewöhnlich auch das Substantivum ἡ λέσχη = Volkshalle gestellt, das schon bei Homer vorkommt, Od. 18. 329. οὐδ' ἐθέλεις εὕδειν χαλκήϊον ἐς δόμον ἐλθὼν ἠέ που ἐς λέσχην, und bei Hesiod. auch nur zweimal Op. 493. πὰρ δ' ἴθι χαλκεῖον θῶκον καὶ ἐπαλέα λέσχην, und Op. 502 ἐλπὶς δ' οὐκ ἀγαθὴ κεχρημένον ἄνδρα κομίζει ἥμενον ἐν λέσχῃ (nach Schömanns Hesiod. Ausgabe).

Faesi erklärt in seiner Odysseeausgabe Bd. II S. 147 λέσχη als „eine Volksherberge, ein öffentliches und immer offenes Gebäude", Ameis übersetzt „Gemeindehalle", Seiler in seinem Homerlexicon S. 309 sagt: „eigentlich das Reden, Plaudern, dann der Ort, wo man zum Plaudern zusammenkam; ein Sammelplatz für müssige und arbeitsscheue Menschen, Volksherberge". Gegen **diese** Erklärung von Seiler ist aber einzuwenden, dass λέσχη bei Homer und Hesiod entschieden nicht das Reden, Plaudern bezeichnet, sondern eine Oertlichkeit; **erst** in späterer Zeit, bei Herodot und **Euripides** bedeutet λέσχη Reden, Plaudern. Es könnte daher vielleicht richtiger sein anzunehmen, dass λέσχη zuerst den **Ort, wo** man plauderte, bezeichnete und dann erst mit **ab**geleiteter Bedeutung das Reden, Plaudern; die ursprüngliche **Bedeutung** erlosch aber nicht, sondern erhielt sich neben der **abgeleiteten.**

Wie verhält es sich **aber** mit den Lautverhältnissen dieses Wortes? G. Curtius stellt es zu dem Stamme *ΛΕΓ*, unter Hinweis auf Potts Erklärung und mit der Bemerkung, dass „λέσχη, Sprechhalle, Rede, Gerede in seinem Suffix noch nicht völlig aufgehellt sei" (Grundzüge [4] S. 366).

Pott handelt von dem Worte **im** zweiten Bande seiner etymologischen Forschungen [2] S. 644; er findet die Aspiration in λέσχη „befremdlich", bespricht aber die Lautverhältnisse nicht näher, sondern ist nur darüber zweifelhaft, „ob **das** λέγω in λέσχη sich wirklich auf das Reden (Ort zum Reden) beziehe, oder in ihm nicht vielmehr die Vorstellung des **Sammelns** (Versammlungsort) oder gar **des** Lagerns (Lagerstätte, vergleiche λόχος) vorwalte."

Wäre Potts letzte Annahme **richtig,** dann müsste man

λέσχη gleich dem von ihm angeführten λόχος zu der Wurzel ΛΕΧ, nicht zu ΛΕΓ stellen. Das thut auch Crain, Philologus B. X S. 581. Er lässt λέσχη aus λέχσκη entstanden sein und stützt seine Ansicht besonders auf den Homerischen Gebrauch von λέσχη. „Der Homerische Gebrauch", sagt er, Od. XVIII, 328, „an den wir uns doch bis auf Weiteres werden halten müssen, zeigt, dass λέσχη vielmehr von λέχος kommt; es ist der Ort, wo man ein λέχος findet, sei es nun zum Schlafen oder sonst zum Liegen und Sitzen zu anderen Zwecken."

Diese Ableitung von λέσχη würde auch sehr passend sein, wenn wir im Griechischen ein Suffix σκη hätten, ein solches existirt aber, wie wir weiter nachzuweisen haben werden, nicht.

In Bezug auf die Bedeutung von λέσχη muss Crain zugeben, dass „schon die alten Griechen selbst den Begriff eines Versammlungshauses zum Sprechen mit unserem Worte verbanden und ihn, wenn auch fälschlich, selbst in demselben suchten."

Savelsberg stellt, Kuhns Zeitschrift XVI, 364, λέσχη zu der Wurzel λεγ, übersetzt es mit „Ort zum Plaudern", und lässt es aus λέγ-jη entstanden sein. Diese Erklärung hat aber wenig für sich.

Romundt (Die Wurzel ΛΕΓ im Griechischen S. 30) findet es der Lautverhältnisse wegen bedenklich, λέσχη zu der Wurzel ΛΕΓ zu stellen; er verwirft natürlich die Erklärung Passows, der λέσχη von ΛΕΓ ableitet „durch Einschaltung eines euphonischen σ gebildet, wie ἔσχον und ἔσπον von ἔχω und ἔπω;" ohne aber die Lautverhältnisse zu erklären, lässt er sich durch die Bedeutung des einmal bei Plato Cratylos 401. B. erscheinenden ἀδολέσχης bewegen, λέσχη zu der Wurzel ΛΕΓ zu stellen. Im Cratylos 401. B. findet sich nämlich, wie Romundt näher ausführt, die Verbindung μετεωρολόγοι καὶ ἀδολέσχαι, in der ἀδολέσχης nicht die auch bei Plato gewöhnliche Bedeutung „Schwätzer", sondern „scharfsinnig, spitzfindig untersuchend" hat; diese Bedeutung legt auch z. B. Rost in seinem griechischen Wörterbuche B. II S. 15 dem Worte ἀδολέσχης an dieser Stelle bei.

Dem λέσχης in ἀδολέσχης stellt nun Romundt parallel das λόγος in λεπτολόγος, fein redend, übergenau forschend, und sieht sich dadurch verhindert, sowohl das λέσχης in ἀδολέσχης, als auch das Substantiv ἡ λέσχη von der Wurzel ΛΕΓ zu trennen und zu dem Verb λάσκω, krachen, schreien zu stellen, wozu er sonst sehr geneigt wäre.

Die Untersuchung von Romundt ist sehr scharfsinnig, wir kommen aber durch sie in der Erklärung der Lautverhältnisse von λέσχη nicht weiter; verfolgen wir aber den von ihm angedeuteten Weg, stellen wir λέσχη zu λάσκω, dann können wir uns die Lautverhältnisse von λέσχη auch nicht recht verständlich machen. Es würde dann mit λάσκω zusammen zu der von Fick in seinem vergleichenden Wörterbuche [2] S. 388 angeführten, zum Wortschatz der europäischen Spracheinheit gehörigen Wurzel rak = tönen, sprechen, zu stellen sein; λάσκω steht aber, wie aus dem Aor. ἔλακον und dem Perfect. λέλακα hervorgeht, für λακ-σκ-ω und ist also mit λέσχη nur dann in Verbindung zu bringen, wenn man annimmt, dass in λέσχη ein Guttural ausgefallen und das ε aus α geschwächt ist. Da es aber kein Suffix σκη oder σχη giebt, sondern nur ισκο und ισκη (Leo Meyer, Vergleichende Grammatik II. B. S. 504), wird es wohl unmöglich sein, λέσχη mit λάσκω zusammen zu stellen.

Λέσχη ist also ein seiner Etymologie nach durchaus dunkles Wort; in den verwandten Sprachen erscheint keine entsprechende Form.

Nach einer von Strabo aufgestellten Etymologie wäre auch der Volksname Λέλεγες zu ΛΕΓ, sammeln, zu stellen. Strabo erzählt 7, 321 u. 322, dass die Λέλεγες von einem alten König Λέλεξ abstammen sollen, fügt aber eine Etymologie des Nomen proprium Λέλεγες bei. Er weist nämlich auf eine Stelle aus dem Hesiod. Fragm. XLVI (nach Schömanns Ed. S. 160) hin: "Ητοι γὰρ Λοκρὸς Λελέγων ἡγήσατο λαῶν, τούς ῥά ποτε Κρονίδης Ζεὺς ἄφθιτα μήδεα εἰδὼς λεκτοὺς ἐκ γαίης πόρε Δευκαλίωνι und fügt dann hinzu: τῇ γὰρ ἐτυμολογίᾳ τὸ συλλέκτους γεγονέναι τινὰς ἐκ παλαιοῦ καὶ μιγάδας αἰνίττεσθαί μοι δοκεῖ, καὶ διὰ τοῦτο ἐκλελοιπέναι τὸ γένος. Hesychios begnügt sich mit der Bemerkung, dass Λέλεγες der Name eines barbarischen Volkes ist. Höchst wahrscheinlich ist denn auch der Name nicht griechischen Ursprungs; zu dieser Ansicht neigt auch G. **Curtius** hin (Grundzüge[4] S. 366), während Sonne (Kuhns Zeitschrift XV, **138**) den Namen Λέλεγες von der Wurzel ΛΕΧ ableitet, „da die **Ana**tolier die Aspirata zur Media verschieben (Βρίγες, Βαγαῖος, Δάρης etc.)." Diese Ableitung ist aber unwahrscheinlich. Die Λέλεγες erscheinen schon bei Homer; im Kataloge der Troer (Il. 2, 816—877), denen sie benachbart sind, da sie auch auf der Südküste von Troas um Pedasos (Il. 2, **86**) und Lyrnessos lebten, werden sie nicht aufgezählt, aber Il. 10, 429 werden sie neben den Κᾶρες, Παίονες, Καύκωνες u. s. w. genannt, Il. **20**, 96 neben den Τρῶες.

Wie schon oben **erwähnt** wurde, trennt **Fick** (Vergleichendes Wörterbuch[3] B. II S. 227) die **Wurzel leg, sammeln, lesen, von der Wurzel leg, sich kümmern, sorgen.** Alle griechischen Wörter, die er zu der zweiten **Wurzel stellt**, haben ein anlautendes α. So ἀλέγω, **küm****mere** mich, sorge. Vielerlei ist schon über dieses Verb geschrieben **worden und** zu den verschiedensten Wurzeln ist es gestellt worden. — **Lobeck** bespricht dies Wort in seinem Buche: Pathologiae gracci sermonis Elementa pag. **40;** er hält das anlautende α für ein paremphatisches und stellt das Wort zu λέγω, indem er die Stelle aus dem Pindar Ol. Od. II, 141, ἐν τοῖς δὲ Κάδμος καὶ Πηλεὺς ἀλέγονται zur Begründung heranzieht; die zweite Stelle, die **er** anführt, ist aus der Anthologia Palatina (Marcelli Epigr. App. n. 50 V. 6) ἐν ἀθανάτοις ἀλέγονται; sie kommt weniger in Betracht, da, wie Lobeck erwähnt, ihre Lesart nicht feststeht; Jacobs las ἀλέγονται, andere aber λέγονται.

Auch meint Lobeck, dass ἀλέγειν zu der Bedeutung von λογίζεσθαι hinneigt. — **Durch** seine Erläuterung kommen **wir** in der Etymologie von ἀλέγειν nicht weiter, denn was hilft es uns, wenn er das α für ein paremphatisches erklärt; wichtig ist aber namentlich die Pindarstelle, **die er** anführt, wegen der Bedeutung, die er dem dort erscheinenden ἀλέγω beilegt; er übersetzt es nämlich mit „nominantur vel numerantur, quo intellectu Homerus verbo λέγειν utitur."

Dieser Vers aus **Pindar** veranlasst **auch Romundt** (S. 13) ἀλέγω mit λέγω zu verknüpfen; **aber auch ihm** ist das α räthselhaft, und er kann sich nur mit der Annahme helfen, dass es „wie in ἀλείφω, ἀλίνω ein prothetischer Vocal" ist. Das ἀλέγονται in Pindar Ol. Od. II, 141 hat **aber** auch andere Erklärungen gefunden; so heisst es in dem griechischen Wörterbuche von Jacobitz und Seiler I. B. S. 46 s. **v.** ἀλέγω unter Hinweis auf Pindar: „Pass. ἀλέγεσθαι ἐν τοῖσι, **unter diesen in** Achtung stehen (nicht zugezählt werden)." So bequem es **uns wäre**, diese Erklärung anzunehmen, so ist doch zu bedenken, dass schon die **Scholien das** ἀλέγονται in der Pindarstelle mit συγκαταλέγονται erklären.

Ohne Pindar Ol. Od. II, 141 zu beachten, geht **Döderlein** einen anderen Weg; er trennt (Hom. Gloss. I B. No. 109 S. 76) ἀλέγω von λέγειν, stellt ἄλγος und ἀλγεῖν zu ἀλύσσω, Inf. Aor. ἀλύξαι und meint, dass ἀλέγειν „mittels Epenthese eines unorganischen ε aus ἀλγεῖν gebildet ist." Dann geht er zur Besprechung der Bedeutung und Construction von ἀλέγειν über (siehe S. 51 unten) und führt die Weiterbildungen ἀλεγίζειν und ἀλεγύνειν an; in Bezug auf ἄλγος meint er, dass das verbale ἀλέγετον als Substantiv ἄλγος lautet und die Betrübniss, den Seelenschmerz, seltener den körperlichen Schmerz bezeichnet; von ἄλγος leitet Döderlein wiederum mit Epenthese eines unorganischen ε das Adjectiv ἀλεγεινός, schmerzlich, ab und „unmittelbar von ἀλέγειν das synonyme ἄλεγον, durch Metathese ἄλγιον, schmerzlich", das Homer, wie er meint, **stets als** Positiv braucht; θυμαλγής, δυσηλεγής, ταυηλεγής und ἀπηλεγέως stellt er „als Verbale" zu dem **Verb** ἀλγεῖν.

Ehe wir an eine Kritik dieser Auseinandersetzungen von **Döderlein** gehen, müssen wir noch prüfen, was **Ahrens** im XXVII. Bande des Philologus S. 251 über ἀλέγειν sagt. Er betont, dass ἀλέγω die Bedeutung **singen**, die Bergk ihm zuschreibt, erst durch Zusätze und dann durch den Zusammenhang bekomme, eigentlich bedeute es nur „sich um Jemand kümmern, ihm Aufmerksamkeit erweisen"; er stellt es gleich Romundt zu der Wurzel *ΛΕΓ*, sammeln.

Doch mit dieser Bemerkung begnügt sich Ahrens nicht, er hat über die Wurzel *ΛΕΓ* noch eine besondere Ansicht, die nachträglich noch besprochen werden muss. Er meint nämlich, dass „die graeco-italische Wurzel *ΛΕΓ* mit der Grundbedeutung häufen, sammeln theilweise in diesen Sprachen und vorherrschend im Sanskrit und im Deutschen mit r statt mit l erscheint", und dass der Vocal auch häufig vor die Liquida tritt, in derselben Weise, wie in ἄργυρος und argentum neben skr. rag'atam u. s. w. Skr. arg' = aufhäufen, sammeln, herbeischaffen, erwerben (Petersburger Wörterbuch S. 427), goth. rikan = anhäufen, gehören seiner Ansicht nach einer Wurzel an, ebenso griechisch λέγειν und lat. legere. In Bezug auf ἀλέγω nimmt er Vocaleinschiebung an, und stellt es zu der „variirten" Wurzelform αλγ = αργ. Den Bedeutungszusammenhang von ἀλέγειν mit λέγειν findet Ahrens in der Synonymie von οὐκ ἀλέγειν, οὐκ ἀλεγίζειν mit λόγον οὐδένα ποιεῖσθαι, das wir bei Theocrit 3, 32 antreffen: τὺ δέ μευ λόγον οὐδένα ποιῇ. Nehmen wir diese Ausführungen von Ahrens an, dann hat das räthselhafte α in ἀλέγω seine Erklärung gefunden; wenn wir aber unbefangen Ahrens' Ansicht prüfen, so erscheint seine Erklärung doch gezwungen und nicht unangreifbar; r und l entsprechen sich, dieser Wechsel macht uns keine Schwierigkeiten; auch eine Metathesis wäre ja möglich, so dass also αλγ nur eine variirte Form der Wurzel *ΛΕΓ* oder *ΛΑΓ* ist, aber die Vocaleinschiebung, die Ahrens annimmt, erscheint sehr fraglich.

Kehren wir zu Döderlein's Erklärungen zurück; sie enthalten manches Beachtenswerthe, aber auch manches entschieden Unrichtige; so ist seine Zusammenstellung von ἄλγος mit ἀλέγω, die auch von Fick (Vergleichendes Wörterbuch [3] II. B. S. 227) angenommen wird, doch noch sehr zu prüfen.

Schon bei Homer treffen wir an mehreren Stellen (Il. 2, 269; Il. 8, 85; Il. 12, 206; Od. 12, 27) das Verb ἀλγέω;

mit diesem wird entschieden ἄλγος am richtigsten in den engsten Zusammenhang gebracht; ἀλγεῖν bedeutet an allen Homerischen Stellen „körperlichen Schmerz empfinden". Von Od. 12, 27 sagt Crusius (Odysseeausgabe⁴ III. Heft S. 134), dass ἀλγεῖν dort in Bezug auf die Seele gesagt sei und bekümmert sein, trauern bedeute, Seiler stimmt ihm bei und auch Voss übersetzt ἀλγήσετε πῆμα παθόντες „dass ihr nicht anderen Schaden betrauert". Meiner Meinung nach hat aber auch hier ἀλγεῖν den Sinn: physischen Schmerz erleiden.

Wie verhält es sich aber mit dem Adjectiv ἀλεγεινός? Neben dieser epischen Form findet sich noch die attische ἀλγεινός; bei Homer erscheint ἀλεγεινός an 27 Stellen und zwar 20 mal am Ende des Verses im V. und VI. Fusse, wo die Form ἀλγεινός nicht gut passen würde (Il. 2, 787; 5, 658; 18, 17; 4, 99; 9, 546; 10, 402; 17, 76; 11, 398; 14, 395; 15, 16; 18, 248; 24, 30; 22, 457; 23, 701; 9, 491. Od. 3, 206; 10, 78; 12, 26; 226; 18, 224); 4 mal (Il. 24, 8; derselbe Vers Od. 8, 183; 13, 91; 264) als Beiwort der κύματα und einmal als Beiwort der ῥέεθρα in rein dactylischen Versen, die vielleicht das Rollen der Wogen darstellen sollen; auch an diesen Stellen wäre ἄλγεινος unbequem gewesen. Nur an 2 Stellen Il. 23, 653 und Od. 8, 126 erscheint die Form ἀλεγεινός, wo auch ἀλγεινός stehen könnte. Von ihnen können wir annehmen, dass sie nach Analogie der anderen gebildet sind und sie können uns nicht an der Annahme verhindern, dass das ε in ἀλεγεινός eingeschoben ist, und dass also die Form ἀλγεινός die ältere ist.

Prüfen wir die Bedeutung von ἀλεγεινός bei Homer, so erhalten wir das Ergebniss, dass es fast überall die Bedeutung „physischen Schmerz erregend" hat, so erscheint es Il. 5, 658 als Epitheton ornans von αἰχμή; Il. 13, 569 wird Ares ἀλεγεινός genannt; Il. 18, 248 und 20, 43 hat μάχη, der Kampf, dies Beiwort. Nur zwei Stellen sind schwieriger. Il. 17, 76 (dieselbe Verbindung Il. 10, 402; eine ähnliche Il. 23, 655), wo es von den Rossen des Achilleus heisst: οἱ δ' ἀλεγεινοὶ ἀνδράσι γε θνητοῖσι δαμήμεναι ἠδ' ὀχέεσθαι ἄλλῳ γ' ἢ Ἀχιλῆι; Achill's Rosse werden also durch den Ausdruck ἀλεγεινοὶ δαμήμεναι als schwer zu bändigende bezeichnet; wir vermitteln uns diese Bedeutung leicht, wenn wir bedenken, dass zum Pferdebändigen physische Kraft erforderlich ist, und wohl auch oft physischer Schmerz hervorgerufen wird. (Anders Pott, Wurzelwörterbuch III, S. 427.)

Nicht ganz so leicht ist die Stelle Il. 9, 491; Phoinix spricht dort zu seinem Zögling Achilles: πολλάκι μοι κατέδευσας ἐπὶ στήθεσσι χιτῶνα οἴνον ἀποβλύζων ἐν νηπιέῃ ἀλεγεινῇ. Hier würde die ursprüngliche Bedeutung von ἀλεγεινός nicht passen; hier übersetzen wir es am besten mit „Mühe verursachend". Die Bedeutung, die das Wort an dieser Stelle hat, vermittelt die spätere: drückend, lästig, leidig.

An dieses Adjectiv schliesst sich das zweimal bei Hesiod, sonst nur bei späteren Dichtern erscheinende ἀλγινόεις, εσσα, εν = schmerzvoll; bei Hesiod findet es sich Theog. V. 214, nach Schömanns Ausgabe V. 213, als Beiwort der Ὀϊζύς, die dort personificirt erscheint, und Theog. 226 als Epitheton des Πόνος, der auch dort als Sohn der Ἔρις personificirt wird. Den Comparativ zu ἀλεγεινός, der bei Homer nur in der neutralen Form ἄλγιον vorkommt (Il. 18, 278; 302. Od. 4, 292; 16, 147; 17, 14), hält Döderlein für einen Positiv im Neutrum; es ist aber entschieden richtiger, anzunehmen, dass ἄλγιον eine Comparativform ist, wie K. W. Krüger (Griechische Sprachlehre II. B. §. 49, 6, 2) und R. Kühner (Ausführliche Grammatik der griechischen Sprache I. B. S. 429[b]) es thun; dafür spricht doch auch der Il. 23, 655 sich findende Superlativ ἄλγιστος. Döderlein ist zu seiner Annahme wohl durch die regelmässig gebildeten Comparativformen und Superlativformen ἀλεγεινότερος und ἀλεγεινότατος verführt worden, von denen die erstere, wie Kühner anführt, in Platos Συμπόσιον 218, a, die zweite bei Sophokles (Antigone V. 857) und bei Plato erscheint.

Der Bedeutung nach kann ἄλγιον sehr gut Comparativ sein; er gehört zu den Comparativen (cf. ῥίγιον), von denen Krüger sagt, dass „ihre Bedeutung so abgeschwächt ist, dass an eine Ergänzung kaum noch gedacht wurde" (Griechische Sprachlehre Bd. II §. 49, 6, 2).

Die besprochenen Formen ἄλγιον und ἄλγιστος müssen uns in dem Glauben bestärken, dass ἀλγεινός und nicht ἀλεγεινός die ursprünglichere Form ist.

Die von uns besprochenen Wörter ἀλγεῖν, ἀλγινόεις und ἀλγεινός nebst seinen Comparativformen, die alle sich auf den Begriff „körperlicher Schmerz" beziehen, sind also entschieden mit ἄλγος in den engsten Zusammenhang zu bringen. Das muss in uns die Frage hervorrufen, ob nicht auch ἄλγος ursprünglich den körperlichen Schmerz bezeichnet. Leo Meyer, Kuhns Zeitschrift B. XXIII, S. 410 und Benfey nehmen das auch als die ursprüngliche Bedeutung an. Letzterer bespricht das Wort ausführlicher in seinem Griechischen Wurzelwörterbuch B. II S. 14. Er stellt es zu Skr. rag' brechen, erbrechen, rôga Krankheit, nimmt in Bezug auf die Form von ἄλγος Guna der Wurzelform rig' und Wechsel von r und λ an, in Bezug auf die Bedeutung fasst er das Erbrechen „als ein am ehesten in die Augen fallendes Symptom der Krankheit", vermittelt dadurch den Begriff Krankheit und folgert aus diesem erst die Bedeutung Leid jeder Art.

Diese Bedeutungsentwickelung von Benfey ist zu gesucht, um uns vollständig zu befriedigen und auch seine Erklärung der Form ἄλγος ist sehr kühn; sehr beachtenswerth ist aber, dass er ἀλέγω nicht in Zusammenhang mit ἄλγος bringt.

Auch **Fulda** (Untersuchungen über den Homerischen Sprachgebrauch S. 220 ff.) vermag eine zutreffende Etymologie von ἄλγος nicht zu geben, aber auch er weist eine Verwandtschaft zwischen ἄλγος und ἀλέγω ab. „In der ganzen Sippschaft beider Wörter", bemerkt er richtig, „findet sich nirgendwo ein Uebergang aus der einen Bedeutung in die andere."

Auf Döderleins oben citirte Auseinandersetzungen sich stützend, sucht Clemm (Curtius, Studien B. VIII S. 100) nachzuweisen, dass das α in ἀλέγω zum Stamme gehöre, und dass somit ἀλέγω und ἄλγος zusammengehören. Der Vergleich aber, den er zwischen οὐκ ἀλέγειν und dem deutschen „sich keinen Kummer machen" zieht, ist nicht recht passend.

Den oben angeführten Satz Fuldas vermögen Clemms

Bedeutungsvermittelungen nicht umzustossen. Genau die Bedeutung von ἄλγος festzustellen, ist sehr schwer. Döderlein, Fulda und das von Ebeling herausgegebene Homerische Wörterbuch leugnen es, dass ἄλγος ursprünglich den physischen Schmerz bezeichnet habe.

Sehen wir uns die zahlreichen Homerischen Stellen (im Ganzen 92) an, in denen ἄλγος erscheint, so nehmen wir wahr, dass es bald unzweifelhaft den physischen Schmerz (z. B. Il. 5, 394 u. 895; Il. 2, 721; Il. 11, 582) bezeichnet, bald, und zwar ausserordentlich häufig, sowohl den physischen als auch den psychischen Schmerz bedeutet, wie Il. 1, 2; 2, 375; 6, 450; Od. 1, 34; 4, 164; 5, 13 u. s. w., bald endlich auch entschiedener zu der Bedeutung Seelenschmerz hinneigt, wie Il. 9, 321; 3, 97; 6, 462; Od. 2, 41; 4, 722; 6, 184 u. s. w.

Eine endgültige Entscheidung ist hier nicht leicht, doch lässt sich nach dem Grundsatze, dass die sinnliche Grundbedeutung fast immer der mehr abstracten vorangeht, auch für ἄλγος die Bedeutung „physischer Schmerz" als ursprünglichere annehmen; dafür spricht doch auch die Bedeutung des eben besprochenen Verbums ἀλγέω.

Die Existenz der von Fick aufgestellten Wurzel leg = sich kümmern möchte ich gar nicht anerkennen, denn das Verbum ἀλέγω ist zu der Wurzel ΛΕΓ sammeln, zu stellen, wobei anzunehmen ist, dass der für uns noch räthselhafte anlautende α-Vocal vielleicht eine Bedeutungsdifferenz mit herbeigeführt hat.

Allerdings stellt Fick auch einige lateinische Wörter zu der Wurzel leg, sich kümmern; aber aus welchem formalen Grunde stellt er negligere, religens, religio zu der Wurzel leg, sich kümmern, und eligo, colligo, legio zu der Wurzel leg, sammeln, lesen? Die verschiedene Bedeutung der Wörter hat ihn dazu bewogen; liesse sich die aber nicht vermitteln? Negligo hiess ursprünglich = nicht sammeln, liegen lassen, übersehen; diese Bedeutung wurde auf's ethische Gebiet übertragen, und so erhalten wir: sich nicht um etwas bekümmern, nicht achten; religo hinwiederum, das Gegentheil von negligo, bedeutete ursprünglich **wieder zusammen nehmen, wieder lesen; das** eng dazu gehörende Substantiv religio ging in seiner Bedeutungsentwickelung wiederum einen Schritt vorwärts: das **Wieder- und Wieder-Sammeln, Sorgfalt, Andacht, Frömmigkeit.** Diese Bedeutungsdarlegung scheint mir zu beweisen, dass wir **auch für die** lateinischen **Wörter negligo, religio und religens keine Wurzel leg,** sich kümmern, anzunehmen brauchen.

Uebrigens **wird** auch über den Ursprung **des** Wortes **religio** noch viel gestritten. Ebel (Kuhns Zeitschrift IV, 449) stellt es **zu** der Wurzel lig, meint, religio bedeute ursprünglich „das **Gebundensein"** und fügt dann noch hinzu: „ob aber lego nicht wenigstens in einer Bedeutung, **da sich in** diesem Worte verschiedene Wurzeln zu begegnen scheinen, mit ligare wurzelverwandt sei, ist eine schwierige Frage, die wir bis jetzt weder zu verneinen noch **zu** bejahen wagen."

Auch Sonne (Kuhns Zeitschrift XVIII, 306) stellt religio zu der Wurzel lag, lig, anhaften, anhangen, haften, sich schmiegen und fügen.

Ich finde aber, **gestützt auf die oben** gegebene Bedeutungsentwickelung, **durchaus** keinen Grund, religio von der **Wurzel leg zu trennen.**

Wir haben **nun** noch **die** von Döderlein (Hom. Gloss. Bd. I S. 78) zuletzt **angeführten 4 Wörter** $\vartheta \nu \mu \alpha \lambda \gamma \eta \varsigma$, $\delta \nu \sigma \eta \lambda \varepsilon \gamma \eta \varsigma$, $\tau \alpha \nu \eta \lambda \varepsilon \gamma \eta \varsigma$ und $\dot{\alpha} \pi \eta \lambda \varepsilon \gamma \varepsilon \omega \varsigma$ zu untersuchen.

$\Theta \nu \mu \alpha \lambda \gamma \eta \varsigma$ = herzkränkend, schmerzlich, das sich Il. 4, **513**; 9, 260; 9, 387; 9, **565.** Od. 8, **272**; **16**, 69; 18, 347; 20, 285; 20, 218; 22, 189; 23, 64; 23, 183; 24, 326 als Beiwort von $\chi \acute{o} \lambda o \varsigma$, $\mu \tilde{\nu} \vartheta o \varsigma$, $\ddot{\varepsilon} \pi o \varsigma$, $\delta \varepsilon \sigma \mu \acute{o} \varsigma$ findet, macht uns keine Schwierigkeiten; **es ist eine** Tatpurusha-Zusammensetzung, deren zweiter **Theil mit** $\dot{\alpha} \lambda \gamma \varepsilon \tilde{\iota} \nu$ im engsten Zusammenhange steht.

$\varDelta \nu \sigma \eta \lambda \varepsilon \gamma \acute{\eta} \varsigma$ erscheint Il. 20, 154 als Beiwort des $\pi \acute{o} \lambda \varepsilon \mu o \varsigma$ und Od. 22, 325 wird der $\vartheta \acute{\alpha} \nu \alpha \tau o \varsigma$ so genannt; so auch Hym. $\varepsilon \dot{\iota} \varsigma \: \overset{,}{A} \pi \acute{o} \lambda \lambda \omega \nu \alpha$ V. 189 (369); bei Hesiod treffen wir es auch zweimal, Op. 506 als Beiwort der $\pi \eta \gamma \acute{\alpha} \delta \varepsilon \varsigma$, des Reifs, und Theog. 652, wo der $\delta \varepsilon \sigma \mu \acute{o} \varsigma$ so bezeichnet wird. Ausserdem findet es sich nur bei Theognis, wo die πολῖται als δυσηλεγεῖς geschildert werden; das weist doch deutlich darauf hin, dass es mit *λέχομαι, liegen, wie es gewöhnlich geschieht, nicht zusammen gebracht werden kann; auch wird bei der Erklärung, dass es aus δυς = hart, schlimm, λεγής = lagernd, bettend besteht, das γ gar nicht berücksichtigt, ebenso wenig der Umstand, dass λέγης, wenn es zu der Wurzel ΛΕΧ gehören würde, doch λέχης lauten müsste.

Ansprechender ist es, wenn Döderlein es mit ἀλγεῖν zusammenbringt und die Bedeutung schmerzhaft annimmt.

Düntzer (Kuhns Zeitschrift B. XII S. 8) leitet es auch von ἄλγος ab, meint, dass das ε aus metrischen Gründen eingeschoben ist, und übersetzt es mit „arg quälend". Doch ist seine Erklärung des eingeschobenen ε nicht richtig; denn hier ist das ε, wie so häufig bei ϱ und λ (Curtius, Grundzüge⁴ S. 718 u. 719) als Vocaleinfügung anzusehen.

Die Dehnung der ersten Silbe des zweiten Wortes muss als eine bei griechischen zusammengesetzten Wörtern oft zu beobachtende Lautneigung angesehen werden.

Die von Düntzer angenommene Bedeutung von δυςηλεγής = „arg quälend" passt zu allen Wörtern, bei denen δυςηλεγής als Beiwort steht.

Pott leitet δυςηλεγής von ἀλέγω ab und übersetzt es mit: „schwere Sorge und Kummer bereitend" (Wurzelwörterbuch III S. 428).

Τανηλεγής ist bei Homer ziemlich häufig, wir treffen es zweimal in der Ilias und sechsmal in der Odyssee (Il. 8, 70; derselbe Vers 22, 210; Od. 2, 100; derselbe Vers 19, 145; 24, 135; 3, 238; Od. 11, 171; derselbe Vers 11, 398); stets erscheint es als Beiwort des θάνατος, auch kommt es nur bei Homer vor. Abgeleitet wird es von τανάος, lang, das selbst bei Homer Il. 16, 589 erscheint, und *λέχω, liegen; dem entsprechend übersetzt auch Voss „lang hinbettend"; diese Ableitung ist aber aus den bei δυςηλεγής angeführten Gründen unmöglich.

Döderlein (Hom. Glossar. I. Bd. N. 113 S. 78) stellt es auch zu ἀλγεῖν und übersetzt es mit „sehr schmerzhaft", wobei er noch hinzufügt: „offenbar geht τανaός, lang, hier in die allgemeine Bedeutung von „sehr" über, wie in τανaήκης, sehr schmerzhaft." Ganz entsprechend erklärt auch Düntzer, dass in τανηλεγής τανaός die Bedeutung „stark" haben müsse, wie in τανaύποδα μῆλα = starkfüssige Schafe, τανaήκης, starkspitzig u. s. w.

Der zweite Bestandtheil von τανηλεγής ist offenbar, wie bei δυςηλεγής, auf ἄλγος zurückzuführen, Pott dagegen leitet auch τανηλεγής von ἀλέγω ab und deutet es: lange Sorge (und Bekümmerniss bei den Hinterbliebenen) verursachend.

Diese Uebersetzung ist etwas gesucht, doch auch Döderleins und Düntzers Erklärungen genügen nicht, denn das von Döderlein als Analogon angeführte τανα-ήκης bedeutet nicht starkspitzig, sondern „langspitzig", und ob τανaύποδα μῆλα wirklich mit „starkfüssige Schafe" zu übersetzen ist, erscheint sehr fraglich.

Eine einigermaassen genügende Uebersetzung und Erklärung des ersten Theiles dieser Zusammensetzung bin ich nicht im Stande zu geben.

Ἀπηλεγέως endlich, das nur Od. 1, 373; Il. 9, 309, an beiden Stellen in der Verbindung μῦθον ἀπηλεγέως ἀποειπεῖν vorkommt, und ausserdem Hym. εἰς Ἑρμῆν V. 362, ist höchst wahrscheinlich aus ἀπό und ἀλεγέως, das wohl mit ἀλέγειν im engsten Zusammenhange steht, zusammengesetzt und heisst rücksichtslos, offen heraus. „Das ἀπό", sagt Döderlein, „ist hier auf ähnliche Weise, wie in ἀπηνής privativ." Möglich ist es aber auch, dieses Wort mit ἄλγος zusammen zu bringen, wie es Düntzer thut.

Vergegenwärtigen wir uns jetzt in einigen kurzen Sätzen den Inhalt dieses Capitels:
1) Die Wurzel *ΛΕΧ* liegen gehört der europäischen Gruppe der indogermanischen Sprachen an.
2) Die Wurzel *ΛΕΓ* sammeln ist graeco-italisch.
3) Λέσχη ist ein etymologisch noch ganz dunkles Wort.
4) Der Volksname Λέλεγες ist höchst wahrscheinlich nicht griechischen Ursprungs.
5) Das anlautende α in ἀλέγειν ist uns räthselhaft.

6) Ἄλγος, ἀλεγεινός, ἀλγινόεις, ἀλγεῖν gehören nicht zu der Wurzel *ΛΕΓ*, sammeln.
7) Eine graeco-italische Wurzel leg = sich kümmern giebt es nicht; ἀλέγω ist zu der Wurzel *ΛΕΓ* sammeln zu stellen, wobei eine Bedeutungsvariation anzunehmen ist.
8) δυσηλεγής, arg quälend, und τανηλεγής stehen im engsten Zusammenhang mit ἄλγος, doch ist die Bedeutung von τανηλεγής unklar; ἀπηλεγέως gehört wahrscheinlich zu ἀλέγω.

Capitel III.
Die Bedeutungsentwickelung der Wurzeln ΛΕΓ sammeln und ΛΕΧ liegen.

§. 1.
Die Wurzel *ΛΕΓ*.

Buttmann hat nicht nur das Verdienst, nachgewiesen zu haben, dass die obigen Wurzeln formell zu scheiden sind, er hat auch in höchst anziehender Weise uns die Bedeutungsentwickelung der Wurzel *ΛΕΓ* gegeben. „Aus der Bedeutung auslesen, auflesen, sammeln", sagt er Lexilogus S. 88, „die bei Homer notorisch ist, ging durch den Begriff zählen, herzählen die Bedeutung sagen, ansagen wohl gewiss hervor, und es fragt sich also, wie weit das Wort in dieser Progression in der altepischen Sprache gediehen war."

Dieser Frage nachgehend, betont Buttmann zunächst, dass λέγει, ἔλεγε, ἔλεξε bei Homer nicht so gebraucht wird, wie φησί, ἔφη, εἶπε; εἰπεῖν bedeutet, wie Romundt S. 8 seiner Schrift über die Wurzel *ΛΕΓ* richtig erklärt, „ein Tönen gegenüber dem Schweigen"; „rufen" giebt auch G. Curtius (Grundzüge⁴ S. 453) als erste, ursprünglichste Bedeutung der Wurzel Fεπ an; die Wurzel φα hat die Bedeutung „des Offenbarens gegenüber dem Verbergen" (Romundt S. 8. G. Curtius, Grundzüge⁴ S. 297).

„*Λέγω*", sagt Romundt S. 8, „erscheint in dieser Reihe als das Verb, dessen Sinn nicht so sehr auf die Form, als auf den Inhalt des Sprechens gerichtet ist, wie etwa bei unserem „Reden" gegenüber etwa dem „Sprechen".

Sehen wir nun näher zu, welche Bedeutung λέγειν bei Homer hat.

Buttmann nimmt an, dass λέγειν bei Homer nur an einer Stelle Il. 2, 222 „mit dem nachherigen Gebrauch übereinkommt," also reden, sagen bedeutet.

In Bezug auf die übrigen in Frage kommenden Stellen nimmt er an, dass λέγειν resp. καταλέγειν Il. 13, 275; Od. 12, 165; 24, 302 die Bedeutung „herzählen, aufzählen" und so überhaupt „anführen, nennen", Od. 4, 308; 11, 374; 19, 203 die Bedeutung „erzählen" habe.

Nachdem Buttmann noch darauf hingewiesen, dass λέγειν bei Homer stets den Accusativ bei sich hat, kommt er auf den physischen Sinn des Wortes bei Homer zu sprechen, den er Od. 18, 359 in dem Ausdruck αἱμασιὰς λέγειν findet; er folgt hierbei den alten Erklärern und nimmt αἱμασιά als Zaun aus kleinen Steinen.

Schematisiren wir die Ausführungen Buttmanns, so haben wir für λέγειν seiner Ansicht nach folgende Bedeutungsentwickelung:

1. Physische Grundbedeutung: lesen, zusammenlesen (ausser der von Buttmann citirten Stelle noch Il. 23, 239; Od. 24, 72 u. 224). (Siehe unten.)

2. Aus dieser sinnlichen Grundbedeutung ging leicht, als sie auf das geistige Gebiet übertragen wurde, für λέγειν die Bedeutung herzählen, aufzählen hervor, so z. B. Il. 13, 275; Od. 12, 175 u. s. w. (Siehe unten.)

3. Von der Bedeutung herzählen zu der Bedeutung erzählen war ein sehr leichter Uebergang. In dieser Bedeutung findet sich λέγειν z. B. Od. 23, 308. (Siehe unten.)

4. Von der Bedeutung erzählen gelangen wir nach Buttmann zu der letzten Stufe der Bedeutungsentwickelung von

λέγειν bei **Homer**: **sagen, sprechen**. Als Belegstellen kann Buttmann nur Il. 2, 222 anführen.

In diesem Schema ist die Stufenfolge 1, 2, 3 vollständig richtig.

Wie steht es aber mit der Bedeutung **sagen**, die wir nach Buttmann Il. 2, 222 antreffen? Es ist an dieser Stelle von Thersites die Rede, der den Agamemnon lästert: τότ' αὖτ' Ἀγαμέμνονι δίῳ ὀξέα κεκληγὼς λέγ' ὀνείδεα. Hier ist es doch wirklich nicht nöthig, die Bedeutung **sagen, reden** anzunehmen. Die Bedeutung **herzählen** passt ja hier vollständig, wenn wir übersetzen: „laut kreischend zählte er Schmähreden gegen Agamemnon her".

Romundt sucht (S. 8) einer anderen Homerischen Stelle die Bedeutung **sagen, reden** beizulegen, nämlich Il. 2, 435.

Dieser Vers wurde schon oben besprochen und wir sahen, dass Buttmann die Lesart Zenodots μηκέτι δὴ νῦν ταῦτα λεγώμεθα als die richtige Lesart annimmt. — Romundt meint aber wohl, wie Faesi in seiner Iliasausgabe [4] S. 98 im I. B., dass Aristarchs Lesart μηκέτι νῦν δῆθ' αὖθι λεγώμεθα die richtige ist; in der **That** finden wir diese in fast allen Iliasausgaben, wir haben aber gar keinen zwingenden Grund, ihr den Vorzug zu geben. Zenodots Lesart findet sich ganz ähnlich, nur mit Weglassung des δὴ νῦν, noch Il. 13, 292; 20, 244; Od. 3, 240; 13, 296; überall hat dort λεγώμεθα die Bedeutung **aufzählen**, sich etwas **herzählen**, sich etwas vorerzählen. Warum sollte es also in der ganz ähnlichen Stelle Il. 2, 435 die Bedeutung **sagen haben**?

Zugegeben muss aber werden, dass die oben angeführten Stellen die Bedeutung von λέγειν = **sagen**, reden vermitteln.

Auch bei Hesiod noch hat λέγειν eine an das **Herzählen, Aufzählen** streifende Bedeutung; wir treffen es Theog. V. 27, ἴδμεν ψεύδεα πολλὰ λέγειν ἐτυμοῖσιν ὁμοῖα. Abgesehen von dieser Stelle, findet sich das Simplex λέγω bei Hesiod nur noch an einer einzigen Stelle und zwar in der Form des Adjectiv verbale, Fragmente 135, XLVI, 35 (nach Schömanns Hesiod-Ausgabe S. 160).

Die schon mehrfach citirte Doctorschrift von H. Romundt: **Die Wurzel** ΛΕΓ **im Griechischen**, Leipzig 1869, beschäftigt sich eingehend mit der Bedeutung der der Wurzel ΛΕΓ angehörigen Wörter.

„Einzeln nach einander nehmen" ist nach Romundt die Grundbedeutung der Wurzel ΛΕΓ; wie leicht aus dieser Grundbedeutung die des „Zählens, Herzählens, Erzählens" hervorging, die dann seit Aeschylos „auf den Begriff des blossen sagen herabgestimmt wurde" (S. 7), zeigt der Verfasser im ersten Paragraphen seiner interessanten Abhandlung. Im zweiten Paragraphen geht Romundt vom Simplex auf die Verba composita der Wurzel ΛΕΓ über; während er beim Simplex „eine Vergeistigung der Bedeutung der Wurzel und eine Anwendung auf die höheren, geistigen Functionen" nicht fand, haben seiner Meinung nach ἐπιλέγεσθαι und διαλέγεσθαι die Bedeutung „geistig bei und für sich sammeln, bedenken" und andere aus ihr leicht hervorgehende, wie „kümmern, fürchten" u. s. w. Das Compositum καταλέγειν dient dem Verfasser als Beispiel zum Beweise dessen, „dass die Composita manchmal bestimmte Stufen des Ueberganges, die das Simplex überwunden hat, fester bewahren."

Sehr ausführlich bespricht Romundt das Nomen λόγος, welches, wie er S. 15 sagt, „die Krone der Entwickelung der griechischen Wurzel ΛΕΓ ist." Vier Bedeutungskategorien stellt er in Bezug auf dieses Wort auf, die er alsdann ausführlich bespricht.

Mancherlei wäre eigentlich noch aus Romundts Abhandlung zu berichten, es würde uns aber zu weit führen, wollten wir uns auf das Referiren der Einzelheiten einlassen. Dass Romundt auf dem etymologischen Gebiete Laie ist, merkt man seiner Schrift wohl an, und auch wir haben bei Gelegenheit der Besprechung des Wortes λέσχη uns davon überzeugen können; er hat sich ja aber auch die Aufgabe gestellt, die Bedeutungsentwickelung der zu der Wurzel ΛΕΓ gehörigen Wörter zu geben, und diese Aufgabe hat er trefflich ausgeführt, während er in den etymologisch-lautlichen Fragen zu sehr blindlings seinen Gewährsmännern folgt.

Teichmüller bespricht die Bedeutung der Wurzel ΛΕΓ und der zu ihr gehörigen Wörter auf S. 170 ff. seines Werkes: „Neue Studien zur Geschichte der Begriffe". Perthes, Gotha 1876.

Schon in der Einleitung zu dieser Arbeit sahen wir, dass Teichmüller die von Romundt aufgestellte Grundbedeutung nicht billigt. Er weist mit Recht darauf hin, dass „nach einander nehmen" und „lesen" nicht identisch sind, dass „das Nacheinandernehmen nur die leere Abstraction der Handlung" ist; „die Handlung selbst", fährt er dann fort, „besteht aber concret in einem von Urtheil und Verstand geleiteten Nacheinandernehmen und Zusammenthun" (S. 170). Dann geht Teichmüller zu λέγειν bei Homer über und zeigt in höchst instructiver Weise, dass es bei ihm eine dreifache Bedeutung habe; erstens bezeichnet es in seiner eben erläuterten Grundbedeutung „die reale Thätigkeit", also das Sammeln, bei dem „ein verständiger Gesichtspunct maassgebend ist" (S. 171), so Il. 23, 239, wo es sich um das Sammeln der Gebeine des Patroklos handelt (ähnlich Od. 24, 72), so Od. 18, 359 und 24, 224, wo über das Auslesen der Dornsträucher gesprochen wird, so Il. 13, 276, wo von „der Sammlung und Auslese" der ἄριστοι zum Hinterhalte die Rede ist. Zweitens bezeichnet es, leicht hervorgehend aus der ersten Bedeutung, „die ideelle Thätigkeit: das Zählen", so Od. 4, 452, und drittens, wiederum mit einem leichten Uebergange von der zweiten Bedeutung, „wozu rechnen, herzählen, erzählen", so Il. 3, 188; Od. 5, 5; sprechen aber, das betont auch Teichmüller, bedeutet λέγειν bei Homer noch nicht. In Bezug auf die Bedeutung der λόγοι bei Homer hebt er hervor, dass sie ihrer Geltung nach nicht den ἔπεα gleichzustellen sind, sondern dass sie Reden bezeichnen, „wobei es auf den Inhalt der Gedanken ankommt". Bei dem Compositum διαλέγεσθαι bemerkt er, dass es bereits bei Homer „immer nur auf das ideelle Gebiet, auf das Denken, angewandt wird" und nicht etwa, entsprechend dem Simplex an einigen Stellen, „die reale Thätigkeit des Aussortirens" bezeichnet. Bei der Besprechung des Compositum προςλέγεσθαι bei Hesiod stellt Teichmüller

Pape's Auffassung von Op. 499 ἀεργὸς ἀνὴρ .... κακὰ προςελέξατο θυμῷ = Schlimmes zu seinem Gemüth sprechen, d. h. schlimme Anschläge machen — dahin zurecht, dass es dem Bedeutungszusammenhange entsprechender wäre, daran zu denken, dass der Arme seine schlimme Lage sich vorhält.

Max Müller handelt von der Bedeutung von λέγειν und λόγος im zweiten Bande seiner Vorlesungen über die Wissenschaft der Sprache (deutsche Bearbeitung von K. Böttger II. Bd. S. 71) bei der Besprechung der geistigen Begabung der Menschen gegenüber der der Thiere; λόγος bedeutet nach ihm Vernunft, wörtlich aber Sammlung. Auch weist Max Müller darauf hin, dass λέγειν ursprünglich sammeln bedeutet und von Homer stets in dieser Bedeutung gebraucht wird.

§. 2.

In Folgendem ist der Versuch gemacht, jedes zu der behandelten Wurzel ΛΕΓ sammeln gehörige Wort an jeder Stelle, in der es bei Homer und Hesiod erscheint, in Bezug auf seine Form, Bedeutung und Construction zu prüfen.

A. Bei Homer.

I. Das Simplex λέγειν.

a. In der physischen Grundbedeutung, oder nach Teichmüllers Ausdruck in der Bezeichnung der realen Thätigkeit „zusammenlesen, sammeln" haben wir λέγειν:

1) Il. 23, 239 ἔπειτα ὀστέα Πατρόκλοιο Μενοιτιάδαο λέγωμεν
    εὖ διαγιγνώσκοντες.
2) Od. 18, 359 αἱμασιάς τε λέγων καὶ δένδρεα φυτεύων.
3) Od. 24, 224 αἱμασιὰς λέξοντες ἀλωῆς ἔμμεναι ἕρκος.
4) Od. 24, 72 ἠῶθεν δή τοι λέγομεν λεύκ' ὀστέ', Ἀχιλλεῦ.

Im Medium kommt das Verbum simplex in seiner Grundbedeutung nicht vor; in den Stellen, die Seiler, Homer. Wörterbuch S. 308 für die mediale Grundbedeutung: „für sich zusammenlesen, sammeln" anführt Il. 8, 507 u. 547, finden wir nicht das Simplex, sondern das Compositum *ἐπιλέγεσθαι* in Tmesi.

b. Uebertragene Bedeutungen.

α. **Herzählen, aufzählen, erzählen, schildern**, nach Teichmüller: „ideelle Thätigkeit".

I. Ilias und Odyssee.

1) Il. 2, 222   Ἀγαμέμνονι δίῳ ὀξέα κεκληγὼς λέγ' ὀνείδεα.
2) Od. 5, 5   Ἀθηναίη λέγε κήδεα πόλλ' Ὀδυσῆος.
3) Od. 11, 374 σὺ δέ μοι λέγε θέσκελα ἔργα.
4) Od. 12, 165 ἦ τοι ἐγὼ τὰ ἕκαστα λέγων ἑτάροισι πίφαυσκον.
5) Od. 14, 197 οὔτι διαπρήξαιμι λέγων ἐμὰ κήδεα.
6) Od. 14, 362 θυμὸν ὄρινας ταῦτα ἕκαστα λέγων.
7) Od. 15, 487 θυμὸν ὄρινας ταῦτα ἕκαστα λέγων.
8) Od. 19, 203 ἴσκε ψεύδεα πολλὰ λέγων ἐτύμοισιν ὁμοῖα (zu vergleichen die ganz ähnliche Verbindung Hesiod Theogon. 27).
9) Od. 23, 308 ὅσα τ' αὐτὸς ὀιζύσας ἐμόγησεν, πάντ' ἔλεγ'.

Im Medium treffen wir **λέγειν** in der Bedeutung sich etwas herzählen in der fünfmal vorkommenden, schon oben erwähnten Formel μηκέτι ταῦτα λεγώμεθα Il. 2, 435; 20, 244; Od. 3, 240; 13, 296; Il. 13, 292. Faesi scheint sie mir ganz richtig zu erklären, wenn er sagt: „λέγεσθαι, reciprok = διαλέγεσθαι, eigentlich sich gegenseitig etwas herzählen, aufzählen." (Odyssee-Ausgabe[5] Bd. I S. 111).

II. Homerische Hymnen.

Hym. 1) εἰς Ἑρμῆν.
V. 203. ὅσσ' ὀφθαλμοῖσιν ἴδοιτο πάντα λέγειν.
Hym. 2) εἰς Δήμητραν.
V. 58. σοὶ δ' ὦκα λέγω νημερτέα πάντα.

β. Sich überzählen.

Eng an das eben erörterte „sich herzählen" schliesst sich die Bedeutung „sich überzählen", die λέγεσθαι Od. 4, 451 hat: πάσας (sc. φώκας) δ' ἄρ' ἐπῴχετο, λέκτο δ' ἀριθμόν = er überzählte sich die Zahl.

γ. **In eine Zahl oder Classe rechnen**

1) Il. 3, 188 ἐγὼν ἐπίκουρος ἐὼν μετὰ τοῖσιν ἐλέχθην. Hier haben wir es also passivisch: zu einer Classe gerechnet werden.
2) Od. 4, 452 ἐν δ' ἡμέας πρώτους λέγε κήτεσιν.
3) Im Med. = sich dazu zählen: Od. 9, 335 ἐγὼ πέμπτος μετὰ τοῖσιν ἐλέγμην.

δ. **Λέγεσθαι = sich sammeln, auswählen.**

Während, wie wir oben sahen, λέγειν in der physischen Grundbedeutung sich zusammenlesen im Medium nicht vorkommt, erscheint es viermal in der etwas übertragenen Bedeutung sich sammeln, sich auswählen.

1) Il. 2, 125 Τρῶας μὲν λέξασθαι ἐφέστιοι ὅσσοι ἔασιν.
2) Il. 13, 276 εἰ γὰρ νῦν παρὰ νηυσὶ λεγοίμεθα πάντες ἄριστοι ἐς λόχον.
3) Il. 21, 27 ζωοὺς ἐκ ποταμοῖο δυώδεκα λέξατο κούρους.
4) Od. 24, 108 κρινάμενος λέξαιτο κατὰ πτόλιν ἄνδρας ἀρίστους.

Die Bedeutung sprechen hat also λέγειν bei Homer in der Ilias und Odyssee noch nicht, wohl findet sie sich aber in den Hymnen und zwar: Homerische Hymnen, Fragmenta hymni in Bacchum V. 5: ἄλλοι δ' ἐν Θήβαισιν, ἄναξ, σε λέγουσι γενέσθαι ψευδόμενοι.

Verbale Composita der Wurzel ΛΕΓ.

I. **Ἀναλέγω** ep. **ἀλλέγω**. Die Bedeutung dieses Compositums kommt der Grundbedeutung des Simplex ausserordentlich nach; es bedeutet auch auflesen, sammeln. Es erscheint nur in der Ilias und auch da nur dreimal, davon einmal in Tmesi Il. 11, 755. Wir haben es nur in activen Formen.

1) Il. 11. 755 κτείνοντές τ' αὐτοὺς ἀνά τ' ἔντεα καλὰ λέγοντες.
2) Il. 21, 321 οὐδέ οἱ ὀστέ' ἐπιστήσονται Ἀχαιοὶ ἀλλέξαι.
3) Il. 23, 253 ὀστέα λευκὰ ἄλλεγον ἐς χρυσέην φιάλην.

II. $Διαλέγομαι$ kommt nur in der Ilias, **nur im medialen Aor. I und nur in der** Formel ἀλλὰ τίη μοι ταῦτα φίλος διελέξατο θυμός Il. 11, 407; 17, 97; 22, 122 und 385; 21, 562 vor.

Die Grundbedeutung von διαλέγεσθαι ist: „sich etwas aus einander lesen", bei Homer hat es aber **bereits eine übertragene Bedeutung, es wird,** wie Teichmüller richtig bemerkt, bei Homer „immer **nur** auf **das ideelle Gebiet, auf das Denken angewandt"** und bedeutet also „erwägen". Im späteren Griechisch ist es bekanntlich wie ἀναλέγω sehr häufig.

III. $Ἐπιλέγομαι$ = „sich dazu lesen, sammeln" treffen wir nur in der Ilias (zweimal), nur in medialen Formen und nur in Tmesi.

1) Il. 8, 507 ἐπὶ δὲ ξύλα πολλὰ λέγεσθε.
2) Il. 8, 547 = 8, 507, nur statt λέγεσθε, λέγοντο.

IV. $Καταλέγω$ von der Wurzel ΛΕΓ sammeln = aufzählen kommt bei Homer nur im Activum vor, während *καταλέχειν von der Wurzel ΛΕΧ liegen nur im Medium erscheint, wie wir unten sehen werden; καταλέγειν schliesst sich in seiner Bedeutung eng an eine übertragene Bedeutung des activen Simplex, da es auch herzählen und weiterhin „erzählen, darlegen, vortragen" bedeutet. Die Grundbedeutung, die Seiler S. 270 anführt, „niederlegen", müssen wir verwerfen, denn καταλέγειν kann sie nur dann haben, wenn es zu der Wurzel ΛΕΧ liegen gehören würde.

καταλέγειν erscheint häufig in der Formel ἀλλ' ἄγε μοι τόδε εἰπὲ καὶ ἀτρεκέως κατάλεξον = aber wohlan sage mir dieses und zähle es genau her. Il. 10, 384 u. 405; 24, 380 u. 656; Od. 1, 169, 206, 224; 4, 486; 8, 572; 11, 140, 170, 370, 457; 15, 383; 16, 137; 24, 256, 287. Ausserdem haben wir καταλέγειν noch an folgenden Stellen:

a. Mit der Construction τί καταλέγειν und τί τινι καταλέγειν.

I. Ilias und Odyssee.

1) Il. 9, 262   ἐγὼ δέ κέ τοι καταλέξω ὅσσα τοι ὑπέσχετο
             δῶρ' Ἀγαμέμνων.

2) Il. 9, 591   καί οἱ κατέλεξεν ἅπαντα.
3) Il. 9, 115   οὔ τι ψεῦδος ἐμὰς ἄτας κατέλεξας.
4) Il. 10, 413   τοιγὰρ ἐγώ τοι ταῦτα μάλ' ἀτρεκέως **καταλέξω**.
    (Derselbe Vers auch Il. 10, 427.)
5) Il. 19, 186   ἐν μοίρῃ γὰρ **πάντα διίκεο** καὶ κατέλεξας.
6) Il. 24, 407   ἄγε δή μοι πᾶσαν **ἀληθείην κατάλεξον**.
7) Od. 4, 239   ἐοικότα γὰρ καταλέξω.
8) Od. 16, 226   τοιγὰρ ἐγώ τοι, τέκνον, **ἀληθείην καταλέξω**.
9) Od. 17, 108 = 16, 226, nur statt τέκνον — **μῆτερ**.
10) Od. 24, 304 = Il. 10, 413, nur statt ταῦτα — **πάντα**.
11) Od. 3, 331   ἤτοι ταῦτα κατὰ μοῖραν κατέλεξας.
12) Od. 4, 256   δή μοι πάντα νόον κατέλεξεν Ἀχαιῶν.
13) Od. 4, 738   τάδε **πάντα** παρεζόμενος καταλέξῃ.
14) Od. 7, 297   ταῦτά τοι, ἀχνύμενός περ, ἀληθείην κατέ-
                 λεξα.
15) Od. 8, 496   δή μοι ταῦτα **κατὰ μοῖραν καταλέξῃς**.
16) Od. 9, 14   τί πρῶτόν τοι ἔπειτα, τί δ' ὑστάτιον καταλέξω.
17) Od. 10, 250 **τότε τῶν ἄλλων ἑτάρων κατέλεξεν ὄλεθρον**.
18) Od. 10, 421 **ἀλλ' ἄγε τῶν ἄλλων ἑτάρων κατάλεξον ὄλε-**
                 θρον.
19) Od. 11, 151 (in Tmesi) ἐπεὶ **κατὰ θέσφατ'** ἔλεξεν.
20) Od. 11, 368 μῦθον δ' ὡς ὅτ' ἀοιδὸς ἐπισταμένως κατέ-
                 λεξας.
21) Od. 12, 35 = Od. 10, 16.
22) Od. 14, 99   ἐγὼ δέ κέ τοι καταλέξω.
23) Od. 14, 508 αἶνος μέν τοι ἀμύμων, ὃν κατέλεξας.
24) Od. 15, 156 πάντα τάδ' ἐλθόντες καταλέξομεν.
25) Od. 16, 235 ἀλλ' ἄγε μοι μνηστῆρας ἀριθμήσας κατά-
                 λεξον.
26) Od. 17, 122 αὐτὰρ ἐγὼ τῷ πᾶσαν ἀληθείην κατέλεξα.
27) Od. 19, 497 τοι καταλέξω ἐνὶ μεγάροισι γυναῖκας.
28) Od. 20, 334 σῇ τάδε μητρὶ παρεζόμενος κατάλεξον.
29) Od. 22, 417 ἀλλ' ἄγε μοι σὺ γυναῖκας ἐνὶ μεγάροις κα-
                 τάλεξον.
30) Od. 22, 420 = Od. 16, 226.
31) Od. 21, 212 ὡς ἔσεταί περ, ἀληθείην καταλέξω.
32) Od. 23, 321 Κίρκης κατέλεξε δόλον **πολυμηχανίην** τε.

33) Od. 23, 225   ἐπεὶ ἤδη σήματ' ἀριφραδέα κατέλεξας.
34) Od. 23, 309   πάρος καταλέξαι ἅπαντα.
35) Od. 24, 123   σοὶ δ' ἐγὼ εὖ μάλα πάντα καὶ ἀτρεκέως
                 καταλέξω.
36) Od. 10, 16   ἐγὼ τῷ πάντα κατὰ μοῖραν κατέλεξα.

Wie leicht zu ersehen ist, treffen wir an den hier angeführten Stellen sehr häufig die Verbindung ἀλλ' ἄγε μοι — κατάλεξον; Od. 14, 99 ist der directe Objectsaccusativ in den vorhergehenden Satz vorweggenommen; Od. 3, 81 ἐγὼ δέ κέ τοι καταλέξω ist καταλέγειν ohne directen Objectsaccusativ construirt.

II. Homerische Hymnen.

εἰς Ἑρμῆν. V. 368: ἐγώ σοι ἀληθείην καταλέξω.

b. Die Construction καταλέγειν τινά mit folgendem ἤ = ob, = von Jemandem erzählen, finden wir nur Od. 4, 832 εἰ δ' ἄγε μοι καὶ κεῖνον οἰζυρὸν κατάλεξον.

c. Καταλέγειν mit folgendem ὅπως oder ὥς = wie. Od. 17, 44 ἀλλ' ἄγε μοι κατάλεξον ὅπως ἤντησας ὀπωπῆς; Od. 4, 327 = Od. 17, 44 nur statt ἄγε — εὖ. Od. 3, 97 = Od. 17, 44; Od. 19, 464 ὁ δ' ἄρα σφίσιν εὖ κατέλεξεν ὥς μιν θηρεύοντ' etc. Die Formen, die bei Homer von καταλέγειν vorkommen, sind das Fut. Act. und Aor. I Act., von dem der Imperat. besonders häufig ist.

V. Προλέγω, auslesen, kommt bei Homer nur einmal vor und zwar im Partic. Perf. Pass., einer Form, der wir unter den verbalen Bildungen der Wurzel ΛΕΓ nur hier begegnen. Il. 13, 689 οἱ μὲν Ἀθηναίων προλελεγμένοι = aus den Athenern Erlesene. Im späteren Griechisch ist es sehr häufig.

VI. Συλλέγω = zusammenlesen.
1) Il. 18, 301   συλλέξας λαοῖσι δότω καταδημοβορῆσαι.
2) Il. 18, 413   ὅπλα τε πάντα λάρνακ' ἐς ἀργυρέην συλλέξατο.
3) Od. 2, 292   ἐγὼ δ' ἑταίρους αἶψ' ἐθελοντῆρας συλλέξομαι.

Im späteren Griechisch ist συλλέγω sehr häufig.

Zweite Gruppe der zu der Wurzel ΛΕΓ gehörigen, bei Homer erscheinenden Verba.

I. ᾿Αλέγω = Rücksicht nehmen, sorgen.

a. Ilias und Odyssee.

1) Il. 8, 483   οὐ σεῦ ἔγωγε σκυζομένης ἀλέγω.
2) Il. 9, 504   αἵ (nämlich die λιταί) ῥά τε καὶ μετόπισθ᾽ ἄτης ἀλέγουσι κιοῦσαι.
3) Il. 11, 389 οὐκ ἀλέγω, ὡς εἴ με γυνὴ βάλοι.
4) Il. 16, 388 θεῶν ὄπιν οὐκ ἀλέγοντες.
5) Od. 6, 268   νηῶν ὅπλα μελαινάων ἀλέγουσιν.
6) Od. 9, 115   οὐδ᾽ ἀλλήλων ἀλέγουσιν.
7) Od. 9, 275   οὐ γὰρ Κύκλωπες, Διὸς αἰγιόχου ἀλέγουσι.
8) Od. 16, 307 ἠδ᾽ ὅτι, οὐκ ἀλέγει.
9) Od. 17, 390 αὐτὰρ ἐγώ γε οὐκ ἀλέγω.
10) Od. 19, 154 δή με διὰ δμωάς, κύνας οὐκ ἀλεγούσας εἷλον.
11) Od. 20, 214 οὐδέ τι παιδὸς ἀλέγουσιν.

b. Homerische Hymnen.

εἰς ᾿Απόλλωνα Πύθιον. V. 101: οἱ Διὸς οὐκ ἀλέγοντες ἐπὶ χθονὶ ναιετάασκον.

᾿Αλέγω hat bei Homer eine dreifache Construction:
1) absolut: Il. 11, 389; Od. 16, 307; 17, 390.
2) mit dem Genitiv: Il. 9, 504; der Genitiv ἄτης hängt an dieser Stelle sowohl von μετόπισθε als auch von ἀλέγουσι ab; Od. 9, 115; 9, 275; 20, 214; Il. 8, 483.
3) mit dem Accusativ: Il. 16, 388; Od. 6, 268; 19, 154 erscheint es im Part. Praes. Act. in absoluter Construction. Achtmal haben wir es mit der Negation verbunden; ἀλέγω findet sich nur bei Dichtern und überall nur im Praes. Act. Med. oder Pass.

II. ᾿Αλεγίζω = sich um etwas bekümmern, ist eine Intensivbildung von ἀλέγω, die nur in der Ilias sich findet und nur im Praes. und Imperf.; an allen Stellen ist ἀλεγίζω mit dem Genitiv construirt und stets hat es die Negation bei sich.

1) Il. 1, 160   τῶν οὔτι μετατρέπῃ οὐδ' ἀλεγίζεις.
2) Il. 1, 180   σέθεν δ' ἐγὼ οὐκ ἀλεγίζω.
3) Il. 8, 477   σέθεν δ' ἐγὼ οὐκ ἀλεγίζω.
4) Il. 11, 80   τῶν μὲν ἄρ' οὐκ ἀλέγιζε πατήρ.
5) Il. 12, 238   τῶν οὔτι μετατρέπομ' οὐδ' ἀλεγίζω.
6) Il. 25, 106   ὁ δ' ἀφήμενος οὐκ ἀλεγίζει.

Homerische Hymnen.

εἰς Ἑρμῆν. V. 557: Πατὴρ δ' ἐμὸς οὐκ ἀλέγιζεν.

III. Ἀλεγύνω, = sich um etwas bekümmern, wiederum erscheint nur in der Odyssee, aber auch nur im Praes. oder Imperf. und nur in der Verbindung δαῖτα ἀλεγύνειν, sich um ein Mahl kümmern, ausser Od. 11, 185.

1) Od. 1, 374   ἄλλας δ' ἀλεγύνετε δαῖτας.
2) Od. 2, 139 = Od. 1, 374.
3) Od. 8, 38   θοὴν ἀλεγύνετε δαῖτα.
4) Od. 11, 186   ἃς ἐπέοικε δικασπόλον ἄνδρ' ἀλεγύνειν.
5) Od. 13, 23   οἱ δ' εἰς Ἀλκινόοιο κίον καὶ δαῖτ' ἀλέγυνον.

Homerische Hymnen.

1) εἰς Ἑρμῆν. V. 361: δολοφροσύνην ἀλεγύνων.
2) εἰς Ἑρμῆν. V. 476: μέλπεο καὶ κιθάριζε καὶ ἀγλαΐας ἀλέγυνε.
3) εἰς Ἀφροδίτην. V. 11: ἀγλαὰ ἔργ' ἀλεγύνειν.

IV. Ἀλογέω = keine Rücksicht nehmen, nicht beachten. Es wäre vielleicht richtiger gewesen, dies Verb seiner Form wegen zu der ersten Gruppe zu stellen, da das anlautende α in demselben ja ein α privativum ist und somit erklärt ist, während das α in ἀλέγω, ἀλεγίζω, ἀλεγύνω uns noch räthselhaft ist; seiner Bedeutung nach entspricht ἀλογεῖν vollständig dem bei Theokrit 3, 33 erscheinenden Ausdrucke λόγον οὐδένα ποιεῖν (τὺ δέ μευ λόγον οὐδένα ποιῇ); mit λόγος wird ἀλογέω auch seiner Form nach in den engsten Zusammenhang zu bringen sein. Es ist ein Derivativum von ἄ-λογο-ς, wobei λόγος in dem Sinne von Sammlung, Reihe zu nehmen ist;

ἄλογος bedeutet dann „ungereiht" und ἀλογεῖν „als ungereiht, ungesammelt behandeln". Ἀλογέω erscheint bei Homer nur zweimal; beidemal im fünfzehnten Buche der Ilias, im Futur. Act. und in ganz genau entsprechender Verbindung.

Il. 15, 162 εἰ δέ μοι οὐκ ἐπέεσσ' ἐπιπείσεται ἀλλ' ἀλογήσει.

Il. 15, 178 εἰ δέ οἱ οὐκ ἐπέεσσ' ἐπιπείσεται ἀλλ' ἀλογήσεις.

Ἀλεγίζω kommt noch vor bei Hesiod, Apollonius Rhodius; später bei Nonnus, Quintus Smyrnaeus und anderen.

Ἀλεγύνω noch bei Apollonius Rhodius.

Ἀλογέω ist später ein sehr häufiges Wort. In derselben Bedeutung, wie bei Homer, findet es sich noch bei Herodot, Dionysius von Halicarnass und anderen; bei Polybius bedeutet es im Pass. hintergangen werden, bei Lucian, Ocypus 143 von Sinnen sein.

V. Μυθολογεύω = ausführlich erzählen, erscheint nur zweimal in der Odyssee, beidemal im Praes. Act.

1) Od. 12, 450 τί τοι τάδε μυθολογεύω.

2) Od. 12, 453 ἀριζήλως εἰρημένα μυθολογεύειν.

Μυθολογεύειν ist auch im späteren Griechisch nicht häufig, es findet sich noch bei Archestratos und **Phokylides**; dagegen ist das ganz ähnlich gebildete μυθολογέω, sprechen, reden das bei Homer gar nicht vorkommt, später sehr häufig.

Substantiva.

I. Ilias und Odyssee.

Ὁ λόγος. Dies in der späteren Zeit so überaus häufige Wort erscheint bei Homer nur zweimal. Es bezeichnet bei ihm nicht das einzelne Wort, sondern die Rede.

Zu vergleichen Teichmüller, Neue Studien S. 181.

Il. 15, 393 τὸν ἔτερπε λόγοις.

Od. 1, 56 αἰεὶ δὲ μαλακοῖσι καὶ αἱμυλίοισι λόγοισιν θέλγει.

II. Homerische Hymnen.

εἰς Ἑρμῆν. V. 317: ὃ αἱμυλίοισι λόγοισιν ἤθελεν ἐξαπατᾶν Κυλλήνιος Ἀργυρότοξον.

Adjectiva.

I. Ilias und Odyssee.

Παλίλλογος, ον = wieder gesammelt, haben wir nur Il. 1, 126. Die wörtliche Uebersetzung von παλίλλογος = wiedergesammelt, passt Il. 1, 126 λαοὺς δ' οὐκ ἐπέοικε παλίλλογα ταῦτ' ἐπαγείρειν — vollkommen, wenn wir dem Beispiele Faesis folgen und annehmen, dass παλίλλογος hier proleptisch steht. V. 125 wird gesagt, dass alles aus den Städten Erbeutete vertheilt ist, „und nicht geziemt es", heisst es dann V. 126 weiter, „dass das Volk dieses (nämlich das Vertheilte) wiedergesammelt herbeibringt." Παλίλλογος in diesem Sinne findet sich sonst bei keinem griechischen Schriftsteller; dagegen sind das Substantivum ἡ παλιλλογία und das Verb παλιλλογέω häufig; nur schliessen sie sich in ihrer Bedeutung: 1) „Wiederholung, 2) Widerspruch" und „das Gesagte wiederholen", an die abgeleitete Bedeutung von λέγειν sprechen an. Παλιλλογία und παλιλλογέω finden sich bei Homer nicht.

II. Homerische Hymnen.

μαψιλόγος; εἰς Ἑρμῆν. V. 546: μαψιλόγοισι πιθήσας οἰωνοῖσι.

μαψιλόγος = umsonst, in den Tag hineinredend.

Adverbia.

Das Adverbium ἀπηλεγέως = offen, rücksichtslos, das aller Wahrscheinlichkeit nach hierher gehört, ist bereits oben besprochen worden.

B. Die Wurzel ΛΕΓ bei Hesiod.

I. Verba.

1. Das Simplex λέγειν.

Das Simplex λέγειν fanden wir bei Homer ziemlich häufig; bei Hesiod aber erscheint es nur zweimal, davon einmal in der Form des Adjectiv verb. und einmal im Infin. Praes. Act.

1) Theog. V. 27: ἴδμεν ψεύδεα πολλὰ λέγειν ἐτύμοισιν ὁμοῖα.

Hier streift λέγειν noch an die Bedeutung „herzählen", in der es bei Homer so häufig erscheint.

2) Fragm. 135, XLVI, 35 (nach der Schömannschen Hesiod-Ausgabe S. 160) λέκτους ἐκ γαίης λαοὺς πόρε Δευκαλίωνι.

Composita.

Auch die Composita sind selten bei Hesiod. Einmal haben wir das schon S. 44 f. besprochene προςλέγεσθαι. Op. V. 499 κακὰ προςελέξατο θυμῷ. Ausserdem erscheint einmal καταλέγω = aufzählen. Theog. V. 627: αὐτὴ γάρ σφιν ἅπαντα διηνεκέως κατέλεξε.

Zweite Gruppe.

1. Ἀλέγω findet sich bei Hesiod nur einmal Op. 251 (nach Schömanns Ausgabe; nach anderen Editionen V. 249): θεῶν ὄπιν οὐκ ἀλέγοντες; dieselbe Verbindung, wie Il. 16, 388.

2. Ἀλεγίζω auch nur einmal. Theog. 171, wo der Κρόνος zu seiner Mutter Γαῖα spricht: ἐπεὶ πατρός γε δυσωνύμου οὐκ ἀλεγίζω.

II. Substantiva.

I. Ὁ λόγος. Dies Wort erscheint bei Hesiod fünfmal.

1) Theog. V. 229 (Ἔρις στυγερὴ τέκε μὲν Πόνον ἀλγινόεντα u. s. w.) Λόγους Ἀμφιλογίας τε.

Hier werden die λόγοι also personificirt und als Sprösslinge der furchtbaren Eris angeführt, also etwa = schlimme Reden, Streitreden. Cf. unten Ἀμφιλογίαι.

2) Theog. V. 890 αἱμυλίοισι λόγοισιν ἐὴν ἐγκάτθετο νηδύν.

3) Op. V. 78 ἐν δ' ἄρα οἱ στήθεσσι διάκτορος Ἀργειφόντης ψεύδεα θ' αἱμυλίους τε λόγους u. s. w. τεῦξε.

4) Op. V. 789 φιλέει δέ τε κέρτυμα βάζειν, ψεύδεα θ' αἱμυλίους τε λόγους.

5) Op. V. 106 ἕτερόν τοι ἐγὼ λόγον ἐκκορυφώσω.

(Die Bedeutung von λόγος an den vier letzten Stellen ist oben bereits besprochen.)

II. Ἡ ἀμφιλογία. Theog. V. 229 erscheinen, wie wir gesehen haben, neben dem λόγοι auch die Ἀμφιλογίαι personificirt und als Töchter der Eris; das Wort bedeutet Wortstreit, Streit, Zweifel und kommt sonst nur noch bei Plutarch vor; das eng dazu gehörende Adjectiv ἀμφίλογος, ον, das seiner Bedeutung nach genau dem Adjectiv ἀμφίλεκτος, ον entspricht, da beide 1) streitend und 2) passivisch: bestritten, zweifelhaft bedeuten, findet sich bei den Attikern von Sophocles und Thukydides an; ἀμφίλεκτος bei Euripides und Aeschylos, das Verbum ἀμφιλέγω, zu dem es als Adject. verb. gehört, bei Xenophon.

§. 3.
Die Wurzel ΛΕΧ liegen.

Ueber die Bedeutungsentwickelung der Wurzel ΛΕΧ kann ich mich kurz fassen.

Die Grundbedeutung wird vielleicht inchoativ zu fassen sein und im Deutschen mit „sich legen" wiederzugeben sein, wobei aber auf der Uebersetzung durch das deutsche Reflexiv kein Nachdruck liegt. Durativ entwickelt sich daraus „liegen", causativ „legen". Zu vergleichen ist das altbulgarische legą = ich lege mich (Leskien, Handbuch der altbulgarischen Sprache S. 204).

Aus der Causalbedeutung „legen" entwickelten sich leicht die übertragenen „zu Bett bringen, einschläfern" und „sich lagern, sich schlafen legen".

Von den hierher gehörigen Substantiven ist zu bemerken, dass λέκτρον, in dem das Suffix τρον, wie gewöhnlich, das Werkzeug bezeichnet, bei Homer (bei Hesiod kommt es gar nicht vor) stets nur einfach Lagerstätte, Bett bedeutet, während λέχος, wie unten zu ersehen sein wird, schon bei Homer verschiedene übertragene Bedeutungen angenommen hat.

§. 4.

Auch die der Wurzel ΛΕΧ liegen angehörigen Wörter, die bei Homer und Hesiod erscheinen, habe ich einer genauen Untersuchung zu unterziehen versucht.

A. Bei Homer.
a. Verba.

I. Das Simplex *λέχειν.

α. In der Grundbedeutung sich legen haben wir *λέχειν fast nur in medialen Formen.

Mit Angabe des Ortes, wohin man sich legt:
1) Il. 9, 67   φυλακτῆρες δὲ ἕκαστοι **λεξάσθων** παρὰ τάφρον ὀρυκτήν.
2) Il. 9, 617   σὺ δ' αὐτόθι **λέξεο** μίμνων εὐνῇ ἔνι μαλακῇ.
3) Il. 24, 650   ἐκτὸς μὲν δὴ **λέξο**, γέρον φίλε.
4) Od. 3, 365   ἔνθα κε **λεξαίμην** κοίλῃ παρὰ νηὶ μελαίνῃ.
5) Od. 4, 413   **λέξεται** ἐν μέσσῃσι, νομεὺς ὣς πώεσι μήλων.
6) Od. 5, 487   ἐν δ' ἄρα μέσσῃ **λέκτο**.
7) Od. 10, 320   ἔρχεο νῦν συφεόνδε, μετ' ἄλλων **λέξε** ἑταίρων.
8) Od. 17, 102   **λέξομαι** εἰς εὐνήν.
9) Od. 19, 50   ἔνθ' ἄρα καὶ τότ' **ἔλεκτο**.
10) Od. 19, 595   = Od. 17, 102.
11) Od. 19, 598   σὺ δὲ **λέξεο** τῷδ' ἐνὶ οἴκῳ.
12) Il. 14, 350   τῷ ἔνι **λεξάσθην**.
13) Od. 7, 346   Ἀλκίνοος δ' ἄρα **λέκτο** μυχῷ δόμου ὑψηλοῖο.

Ohne weiteren Zusatz:
1) Od. 4, 453   ἔπειτα δὲ **λέκτο** καὶ αὐτός.
2) Od. 23, 172   ὄφρα καὶ αὐτὸς **λέξομαι**.

β. Die causative Bedeutung legen, hinlegen, zu Bette bringen finden wir nur an einer Stelle:

Il. 24, 635. Hier bittet Priamos den Achilles **λέξον** νῦν με τάχιστα, διοτρεφές, ὄφρα κεν ἤδη ὕπνῳ ὑπὸ γλυκερῷ ταρπώμεθα κοιμηθέντες = bette mich nun schleunigst, damit wir ruhen und uns des süssen Schlafes erfreuen. Obige Uebersetzung wird auch durch die Erklärung des Scholiasten gestützt, der **λέξον** hier mit κοίμισον oder εἰς εὐνὴν τράπε με erklärt.

γ. Sehr leicht ging aus der obigen Grundbedeutung **sich legen** die durative Bedeutung **liegen** hervor, die sich bei Homer an zwei Stellen schärfer ausgeprägt findet, beide Mal in der Verbindung ὕπνῳ *λέχεσθαι.

1) Il. 4, 131   ὡς ὅτε μήτηρ παιδὸς ἐέργῃ μυῖαν, ὅθ' ἡδέι λέξεται ὕπνῳ.
2) Od. 7, 319   σὺ μὲν δεδμημένος ὕπνῳ λέξεαι.

δ. Auch die Bedeutung **einschläfern** entwickelte sich leicht aus der oben angeführten Grundbedeutung; sie erscheint Il. 14, 252, wo der ὕπνος zu Here spricht: ἤτοι ἐγὼ μὲν ἔλεξα Διὸς νόον αἰγιόχοιο νήδυμος ἀμφιχυθεὶς „ich aber mich sanft ergiessend schläferte den Sinn des aegishaltenden Zeus ein".

Von dem Simplex, wie von den Compositis des Stammes ΛΕΧ fehlt das Praesens, wie wir oben sahen, in der classischen Literatur, ebenso auch das Perfect, gänzlich. Wir haben überhaupt bei Homer und Hesiod nur Aorist- und Futurformen und zwar:

1) Indicat. und Imperat. Aor. I Act.
2) Indicat. Futur. Med.
3) Indicat. Optat., Conjunct., Imperat., Infinit., Aor. I Med.
4) Indicat. und Imperat. des ohne Bindevocal gebildeten Aor. II Med.

Composita.

I. *Καταλέχομαι erscheint bei Homer **nur** im Medium = sich niederlegen.

Es wird entweder mit Angabe des Ortes, wohin man sich legt, construirt oder absolut:

α. Mit Angabe des **Ortes**.

1) Il. 9, 662   ἔνθ' ὁ γέρων κατέλεκτο.
2) Il. 9, 690   Φοῖνιξ δ' αὖθ' ὁ γέρων κατελέξατο.
3) Od. 3, 353   νηὸς ἐπ' ἰκριόφιν καταλέξεται.
4) Od. 10, 555 ἐν δώμασι Κίρκης κατελέξατο οἰνοβαρείων.
5) Od. 11, 62   ἐν μεγάρῳ καταλέγμενος.
6) Od. 14, 520 ἔνθ' Ὀδυσεὺς κατέλεκτο.
7) Od. 22, 196 εὐνῇ ἐνὶ μαλακῇ καταλέγμενος.

β. **Absolut.**

1) Od. 13, 75   ἂν δὲ καὶ αὐτὸς ἐβήσετο καὶ κατέλεκτο.
2) Od. 15, 394 οὐδέ τί σε χρή, πρὶν ὥρη, καταλέχθαι.
3) Od. 19, 44   σὺ μὲν καταλέξαι.

*καταλέχεσθαι findet **sich nur** bei Homer und Hesiod.

II. *Παραλέχομαι finden wir bei Homer nur im **Medium**; es bedeutet: sich neben Jemanden legen, sich an Jemandes Seite legen, beiliegen und **wird** entweder mit dem **Dativ oder** absolut construirt.

α. *Παραλέχεσθαί τινι.

I. Ilias und Odyssee.

1) Il. 2, 515   ὁ δέ οἱ παρελέξατο λάθρῃ.
2) Il. 6, 198   Λαοδαμείῃ μὲν παρελέξατο Ζεύς.
3) Il. 20, 224   ἵππῳ δ' εἰσάμενος παρελέξατο **κυανοχαίτῃ**.
4) Il. 24, 676   τῷ δὲ Βρισηὶς παρελέξατο.

II. Homerische Hymnen.

Εἰς Ἀφροδίτην.   V. 167: ἀθανάτῃ **παρέλεκτο θεᾷ** βροτός.

β. Ohne weiteren Zusatz.

1) Il. 14, 237   ἐγὼ παραλέξομαι ἐν φιλότητι.
2) Il. 16, 184   παρελέξατο λάθρῃ Ἑρμείας.
3) Od. 4, 305   (in Tmesi) παρ' δ' Ἑλένη τανύπεπλος ἐλέξατο.
4) Od. 11, 242   ἐν προχοῇς ποταμοῦ παρελέξατο δινήεντος.

Dies ist die einzige Stelle, in der *παραλέχεσθαι mit einer Präposition construirt ist.

Wie aus den obigen Citaten zu ersehen ist, existiren bei Homer nur **drei** Formen von *παραλέχεσθαι; siebenmal kommt die III Pers. Sing. Indic. Aor. I Med. und einmal (Il. 14, 237) **die I Pers.** Sing. Conjunct. Aor. I Med. vor; in den Hymnen findet **sich** die III Pers. Sing. Ind. des ohne Bindevocal gebildeten Aor. Med. Hesiod, Pindar und Ibycus haben dies Verb noch aufzuweisen.

III. *Παρακαταλέχομαι ist seiner Bedeutung nach dem **eben** behandelten παραλέχομαι sehr ähnlich. Es bedeutet nämlich = sich neben Jemandem niederlegen, Jemandem beiliegen; **es** erscheint **nur** zweimal in der Ilias, sonst nirgends.

1) Il. 9, 565   τῇ ὅγε παρκατέλεκτο.
2) Il. 9, 664   τῷ δ' ἄρα παρκατέλεκτο γυνή.

IV. *Προςλέχομαι* = sich daneben legen, nur einmal in der Odyssee, sonst nirgends. Od. 12, 34 erzählt Odysseus von der **Kirke**:

ἡ δέ με χειρὸς ἑλοῦσα **φίλων** ἀπονόσφιν ἑταίρων.
εἷσέ τε καὶ προςέλεκτο καὶ ἐξερέεινεν ἕκαστα.

Zweite Gruppe der zu der Wurzel ΛΕΧ gehörigen Verba.

Λοχάω (cf. unten das Subst. λόχος) = im Hinterhalte liegen.

Nur dies Verb, das auch in der späteren Literatur sehr häufig **ist,** haben wir hier zu registriren. Bei Homer hat es eine doppelte Construction.

α. **M**it directem Objecte: Jemand belauern.

I. Ilias und Odyssee.

1) Od. 4, 670   μιν αὐτὸν ἰόντα λοχήσομαι.
2) Od. 13, 425   μιν λοχόωσι νέοι σὺν νηὶ μελαίνῃ.
3) Od. 14, 181   τὸν δὲ μνηστῆρες ἀγαυοὶ οἴκαδ' ἰόντα λοχῶσιν.
4) Od. 15, 28   μνηστήρων δ' ἐπιτηδὲς ἀριστῆες λοχόωσιν.
5) Od. 16, 369   Τηλέμαχον λοχόωντες.

β.   Ohne weiteren Zusatz.

1) Od. 4, 388   τὸν δ' εἴ πως σὺ δύναιο λοχησάμενος λελαβέσθαι.
2) Od. 4, 463   ὄφρα μ' ἕλοις ἀέκοντα λοχησάμενος.
3) Od. 8, 847   τῇ τόν γε μένον λοχόωντες Ἀχαιοί.
4) Od. 13, 268   ἐγγὺς ὁδοῖο λοχησάμενος.
5) Od. 22, 53   σὸν παῖδα κατακτείνειε λοχήσας.
6) Il. 18, 520   ὅθι σφίσιν εἶκε λοχῆσαι.

Von λοχάω existiren bei Homer folgende Formen:
1) Indic. Praes. **Act.** 3 Pl. λοχόωσι, λοχῶσιν.
2) **Partic.** Praes. Act. Nom. Pl.
3) Infin. Aor. 1 Act.

4) Partic. Aor. I Act. Nom. Sing.
5) **Partic.** Aor. I Med. Nom. Sing.
6) **Indicat.** Fut. Med. 1 Pers. Sing.

II. In den Homerischen Hymnen findet sich das Verbum λοχάω nicht, dagegen findet sich dort, wie oben schon erwähnt wurde, das Verbum: λοχεύω = gebären.

Εἰς Ἑρμῆν. V. 230: ἔνϑα τε νύμφη **ἀμβροσίη** ἐλόχευσε Διὸς παῖδα Κρονίωνος.

Substantiva.

I. Τὸ **λέκτρον** = das Bett, Lager, lat. lectus. Fick erschliesst (Vergleichendes Wörterbuch³ Bd. I S. 749, Spracheinheit der Indogermanen Europa's S. 362) eine europäische Form laghtar, in der tra, wie im griechischen Worte τρον, das Suffix des Instruments ist (cf. oben). λέκτρον steht nach dem bekannten Lautgesetze für λέχτρον.

1) Il. 22, 503   εὕδεσκ' ἐν λέκτροισιν.
2) Od. 1, 437   ἕζετο δ' ἐν λέκτρῳ.
3) Od. 8, 292   δεῦρο, φίλη, λέκτρονδε.
4) Od. 8, 337   εὕδειν ἐν λέκτροισι παρὰ χρυσέῃ Ἀφροδίτῃ.
5) Od. 19, 516   κεῖμαι ἐνὶ λέκτρῳ.
6) Od. 20, 58   ἐν λέκτροισι καϑεζομένη μαλακοῖσιν.
7) Od. 20, 141   ἐν λέκτροισι καϑεύδειν.
8) Od. 23, 32   ἀπὸ λέκτροιο ϑοροῦσα.
9) Od. 23, 254   λέκτρονδ' ἴομεν, γύναι.
10) Od. 23, 296 λέκτροιο παλαιοῦ ϑεσμὸν ἵκοντο.

Od. 8, 292 und 23, 254 haben wir die Form λέκτρονδε, also den Accusativ mit dem Wörtchen δε, wodurch häufig bei Homer das „Wohin" ausgedrückt wird. *Λέκτρον* ist ein auch bei Pindar und bei den Tragikern häufiges Wort; bei letzteren bedeutet es aber auch schon übertragen: Ehe, Ehegemahl, Liebesgenuss, was bei Homer, wie schon oben erwähnt wurde, nicht der Fall ist.

Bei Homer haben wir folgende Formen von λέκτρον: Gen. Sing. λέκτροιο, Dat. Sing. λέκτρῳ, Accus. Sing. in der Verbindung λέκτρονδε, Dat. Plur. λέκτροισι.

II. **Τὸ λέχος.** Es bedeutet gleich λέκτρον Bett, Lager. Fick erschliesst eine europäische Form laghas.

An einigen Stellen wird λέχος mit der specielleren Bedeutung **Bettstelle** gebraucht, auch hat λέχος die speciellere Bedeutung **Ehebett** und **Todtenbett**.

A. *Λέχος* allgemein = Lager, Bett.

I. Ilias und Odyssee.

1) Il. 1, 609   Ζεὺς δὲ πρὸς ὃν λέχος ἤι'.
2) Il. 9, 660   αἱ δ' ἐπιπειθόμεναι στόρεσαν λέχος.
3) Il. 3, 447   ἦρχε λέχοσδε κιών.
4) Il. 24, 648 στόρεσαν δοιὼ λέχε' ἐγκονέουσαι.
5) Od. 4, 730   οὐδ' ὑμεῖς περ ἐνὶ φρεσὶ θέσθε ἑκάστη ἐκ λεχέων μ' ἀνεγεῖραι.
6) Od. 10, 497 κλαῖον δ' ἐν λεχέεσι καθήμενος.
7) Od. 23, 184 τίς δέ μοι ἄλλοσε θῆκε λέχος.
8) Od. 23, 171 ἀλλ' ἄγε μοι, μαῖα, στόρεσον λέχος.
9) Od. 23, 177 ἀλλ' ἄγε οἱ στόρεσον πυκινὸν λέχος.
10) Od. 23, 291 ἐπεὶ στόρεσαν πυκινὸν λέχος.
11) Od. 7, 340 = Od. 23, 291.
12) Od. 24, 44 κάτθεμεν ἐν λεχέεσσιν.
13) Od. 24, 295 κώκυσ' ἐν λεχέεσσιν ἑὸν πόσιν.
14) Il. 9, 621 στορέσαι πυκινὸν λέχος.
15) Il. 9, 659 = Il. 9, 621.

An den 7 zuletzt angeführten Stellen ausser Od. 24, 44 u. 295 hat λέχος das Beiwort πυκινὸν und **ist** Object des Verbums στόρνυμι. Faesi übersetzt (Ilias-Ausgabe Bd. I S. 341) πυκινὸν λέχος mit „die feste, festgefügte Bettstelle"; diese Uebersetzung gestattet aber die Bedeutung **des** Verbums στόρνυμι nicht, denn στόρνυμι heisst **ausbreiten**, nicht **aufstellen**. Die Bedeutung von πυκινὸν λέχος festzustellen, ist **nicht leicht**, da πυκινόν nicht ganz deutlich ist; richtiger als Faesi scheint es mir Damm mit „dichtes, weiches Lager" zu erklären.

B. *Λέχος* = Bettstelle.

Gewöhnlich bezeichnet das **nur im** Plural erscheinende

Neutrum δέμνιον bei Homer die Bettstelle, so in der Verbindung δέμνια τιθέναι, das Bett aufstellen, die Il. 24, 644, Od. 4, 297 und 19, 599 erscheint; an einigen Stellen aber ist des Zusammenhanges und des Beiwortes τρητός wegen λέχος als Bettstelle aufzufassen und zwar:

1) Il. 3, 391   κεῖνος ὅγ' ἐν θαλάμῳ καὶ δινωτοῖσι λέχεσσιν.
2) Il. 3, 448   τὼ μὲν ἄρ' ἐν τρητοῖσι κατεύνασθεν λεχέεσσιν.
3) Il. 4, 720   τὸν μὲν ἔπειτα τρητοῖς ἐν λεχέεσσι θέσαν.
4) Od. 1, 440   παρὰ τρητοῖσι λέχεσσιν.
5) Od. 7, 345   ἔνθα καθεῦδε Ὀδυσσεὺς τρητοῖς ἐν λεχέεσσιν.
6) Od. 10, 12   εὕδουσ' ἐν τρητοῖσι λέχεσσιν.

In allen diesen Stellen, mit einziger Ausnahme von Il. 3, 391 hat λέχος das Beiwort τρητός und erscheint im Dat. Plur.

Τρητός erklärt Seiler als Adj. verb. von τιτράω = durchbohrt, schön durchbrochen. Voss übersetzt es mit „schön gebildet" Il. 3, 391 hat λέχος das Epitheton δινωτόν = rund gedrechselt, gerundet „an Pfosten und Stäben", wie Faesi erklärend hinzusetzt. Od. 23, 179 ἔνθα οἱ ἐκθεῖσαι πυκινὸν λέχος ἐμβάλετ' εὐνήν = dann nun, nachdem ihr die festgebaute Bettstelle herausgesetzt habt, leget auf sie das Bettzeug.

An dieser Stelle können wir πυκινὸν λέχος als „festgebaute Bettstelle" auffassen, denn hier fehlt das Verb στόρνυμι, das in den früheren Stellen diese Uebersetzung nicht zuliess. Hier tritt auch die Bedeutung von λέχος, Bettstelle, durch die Gegenüberstellung von εὐνή, das mehr Bettkissen bedeutet, und durch die gleich darauf (V. 180) folgende Aufzählung der anderweitigen Bestandtheile des Bettes: κώεα καὶ χλαίνας καὶ ῥήγεα σιγαλόεντα — besonders deutlich hervor.

C. Zu der Bedeutung „Ehebett" neigt λέχος, wie aus dem Zusammenhange zu ersehen ist, an folgenden Stellen:

1) Il. 1, 31   ἐμὸν λέχος ἀντιώωσαν.
2) Il. 3, 411   κείνου πορσυνέουσα λέχος.
3) Il. 8, 291   ἤ κέν τοι ὁμὸν λέχος εἰσαναβαίνοι.
4) Il. 11, 1   Ἠὼς δ' ἐκ λεχέων παρ' ἀγαυοῦ Τιθωνοῖο ὤρνυθ'.
5) Il. 15, 39   νωΐτερον λέχος αὐτῶν κουρίδιον.

6) Od. 1, 366   πάντες δ᾽ ἠρήσαντο παραὶ λεχέεσσι κλιθῆναι.
7) Od. 3, 403   τῷ δ᾽ ἄλοχος **δέσποινα λέχος πόρσυνε καὶ εὐνήν**.
8) Od. 5, 1 = Il. 11, 1.
9) Od. 7, 347   πὰρ δὲ γυνὴ **δέσποινα λέχος πόρσυνε καὶ εὐνήν**.
10) Od. 18, 213 = Od. 1, 366.
11) Od. 8, 269   λέχος δ᾽ **ᾔσχυνε καὶ εὐνὴν** Ἡφαίστοιο ἄνακτος.

Od. 3, 403; 7, 347 und Il. 3, 411 haben wir die Verbindung πορσύνειν λέχος = das Lager bereiten, was immer von der Gattin gesagt wird, die dem Gatten das Lager bereitet und es dann mit ihm theilt.

II. Homerische Hymnen.

1) εἰς Ἀπόλλωνα Πύθιον. V. 150:
   οὔτε σὸν αἰσχύνασ᾽ ἱερὸν λέχος οὔτ᾽ ἐμὸν αὐτῆς.
2) εἰς Ἀφροδίτην. V. 126:
   Ἀγχίσεω δέ με φάσκε παραὶ λέχεσιν καλέεσθαι κουριδίην ἄλοχον.
3) εἰς Δήμητραν. V. 143:
   καί κε λέχος στορέσαιμι μυχῷ θαλάμων εὐπήκτων δεσπόσυνον.
4) εἰς Δήμητραν. V. 343:
   ἥμενον ἐν λεχέεσσι σὺν αἰδοίῃ παρακοίτι.

D. Von dem **Lager der Todten** wird λέχος gebraucht:

1) Il. 18, 233   Ἀχαιοὶ ἀσπασίως Πάτροκλον ὑπ᾽ ἐκ βελέων ἐρύσαντες κάτθεσαν ἐν λεχέεσσι.
2) Il. 18, 352   ἐν λεχέεσσι δὲ θέντες ἑανῷ λιτὶ κάλυψαν.
3) Il. 21, 124   οὐδέ σε μήτηρ ἐνθεμένη λεχέεσσι γοήσεται.
4) Il. 22, 353 = Il. 21, 124.
5) Il. 22, 87   οὐ σ᾽ ἔτ᾽ ἔγωγε κλαύσομαι ἐν λεχέεσσι.
6) Il. 23, 171   ἐν δ᾽ ἐτίθει μέλιτος καὶ ἀλείφατος ἀμφιφορῆας, πρὸς λέχεα κλίνων.
7) Il. 24, 589   αὐτὸς τόν γ᾽ Ἀχιλεὺς λεχέων ἐπέθηκεν ἀείρας.
8) Il. 27, 402   κείμενον ἐν λεχέεσσιν.

Bei Homer findet sich λέχος in folgenden **Formen**:
Nom. und Accus. Sing. λέχος; einmal kommt der Accus. Sing. mit dem das **Wohin** bezeichnenden Suffix δε vor (Il. 3, 447); Accus. Dual. λέχεε; Gen. Plur. λεχέων; Dat. λέχεσσιν und λεχέεσσιν.

Λέχος ist ein poetisches Wort; erst bei späteren Prosaikern, wie bei Plutarch, erscheint es.

III. ʽΗ ἄλοχος. Fick erschliesst (Spracheinheit der Indogermanen Europa's S. 361) eine europäische **Form** *samlagha (sam + lagha) = dasselbe Lager habend, **Lagergenossin**, Gattin. Im Griechischen ist das anlautende σ abgefallen, im Kirchenslavischen aber lautet das Wort sạlogŭ.

Da die Bedeutung dieses bei Homer sehr häufigen Wortes aus seiner Ableitung vollständig klar ist, und wir nur an zwei unten anzuführenden Stellen ἄλοχος in einer anderen Bedeutung als sonst bei Homer haben, so erscheint es unnöthig, alle die Homerischen Stellen, in denen es in seiner gewöhnlichen Bedeutung erscheint, zu citiren.

Wie das ganz analog gebildete ἄκοιτις (für σα + κοιτις), so bezeichnet auch ἄλοχος fast immer die rechtmässige **Gattin**, nicht, wie Döderlein, Glossar 2060 meint, die Concubine; nur an zwei Stellen, Il. 9, 336 und Od. 4, 623, wird auch das Kebsweib so genannt. Il. 9, 336 bezeichnet Agamemnon die Briseïs, die Achilles ihm weggenommen hatte, als ἄλοχος: ἔχει δ' ἄλοχον θυμαρέα und Od. 4, 623 werden die ἄλοχοι des Menelaos erwähnt; ἄλοχος ist ein poetisches **Wort**.

IV. ʽΟ λόχος = Hinterhalt.

Das Wort λόχος wird schwerlich von der Wurzel *ΛΕΧ* zu trennen sein; es gehört zu den Verbalbildungen, **die Goebel**, Kuhns Zeitschrift XII S. 239 bespricht. „Das Neutral-Suffix ες (Nom. ος)", sagt Goebel, „liebt auch im Stamme den Vocal ε (λέχ-ος, γέν-ος), während umgekehrt Verbalbildungen mittels Suffix ο (Nom. ο-ς) auch im Stamme den gleichen Vocal ο lieben (λόχος, γόνος), gegenüber den Stämmen λεχες, τεκες u. s. w."

Ursprünglich hatte λόχος eine rein örtliche Bedeutung; es wurde gebraucht von dem Orte, wo man sich zum Belauern hinlegte; in allmähligem Uebergange **wurde es auch** von der Handlung des Belauerns gesagt. Zu vergleichen ist das lat. **insidiae.** Zuletzt wird **λόχος** auch von der den Hinterhalt bildenden **Mannschaft,** dann auch von jeder gewaffneten Schaar gebraucht. In der nachhomerischen Zeit bezeichnet λόχος bekanntlich **eine** bestimmte Heeresabtheilung, die aber nach den verschiedenen Ländern und Zeiten verschieden ist.

a. Bei Homer ist die locale **Bedeutung** noch die häufigere. Wir finden sie in folgenden Stellen:

Zweimal wird das trojanische Pferd ein *κοῖλος λόχος* genannt.

1) Od. 4, 277 τρὶς δὲ περίστειξας κοῖλον λόχον ἀμφαφόωσα.
2) Od. 8, 515 ἱππόθεν ἐκχύμενοι, κοῖλον λόχον ἐκπρολιπόντες.

Od. 11, 525 (ein seit Wolf gestrichener **Vers**) ἠμὲν ἀνακλῖναι πυκινὸν λόχον ἠδ' ἐπιθεῖναι. Auch hier **handelt es** sich um das trojanische Pferd.

Ausserdem noch *λόχος* = Hinterhalt in örtlichem Sinn.
1) Il. 11, 379 ὁ δὲ μάλα ἡδὺ γελάσσας ἐκ λόχου ἀμπήδησε.
2) Il. 13, 277 εἰ γὰρ νῦν παρὰ νηυσὶ λεγοίμεθα πάντες ἄριστοι ἐς λόχον.
3) Il. 13, 285 ἐπειδὰν πρῶτον ἐσίζηται λόχον ἀνδρῶν.
4) Il. 24, 779 μηδέ τι θυμῷ δείσητ' Ἀργείων πυκινὸν λόχον.

b. Der Uebergang von der örtlichen Bedeutung von *λόχος* auf **die** der Handlung prägt sich aus:
1) Il. 4, 392 πυκινὸν λόχον εἷσαν ἄγοντες, κούρους πεντήκοντα.
2) Il. 6, 189 κρίνας φῶτας ἀρίστους εἷσε λόχον.
3) Od. 14, 469 ὅθ' ὑπὸ Τροίην λόχον ἤγομεν ἀρτύναντες.

Il. 4, 392 und Il. 6, 189 haben wir die Verbindung *εἷσαι λόχον* = einen Hinterhalt legen; *λόχος* wird hier wohl gesagt von **der** Mannschaft, die den Hinterhalt bildet.

c. *Λόχος* als „die Lauer, das Belauern" müssen **wir** auffassen:
1) Od. 4, 395 αὐτὴ νῦν φράζευ σὺ λόχον θείοιο γέροντος.
2) Od. 4, 441 ἔνθα κεν αἰνότατος λόχος ἔπλετο.
3) Il. 18, 513 οἳ δ' οὔπω πείθοντο, λόχῳ δ' ὑπεθωρήσσοντο.

d. Eine merkwürdige Bedeutung hat λόχος an zwei Stellen bei Homer; eine bestimmte Heeresabtheilung bezeichnet es bei ihm noch nirgends, aber Od. 20, 49 müssen wir λόχος die Bedeutung „geordnete Kriegerschaar" zuschreiben; an die Manuschaft eines Hinterhaltes ist nicht zu denken; die Stelle lautet: εἴ περ πεντήκοντα λόχοι μερόπων ἀνθρώπων νῶϊ περισταῖεν.

Buttmann übersetzt in seinem Lexilogus² Bd. II S. 92 λόχος in diesem Verse auch mit Trupp, und auch Seiler führt in seinem Homerischen Wörterbuche S. 315 Od. 20, 49 an als Belegstelle für die letzte von ihm aufgestellte Bedeutungskategorie von λόχος = jede gewaffnete Schaar von Kriegern.

Wie mir scheint, hätte Seiler Il. 8, 522 als zweite Belegstelle anführen können; es heisst dort: φυλακὴ δέ τις ἔμπεδος ἔστω, μὴ λόχος εἰσέλθῃσι πόλιν λαῶν ἀπεόντων = eine Wache soll aber beständig hier sein, damit nicht eine Kriegerschaar während der Abwesenheit des Volkes in die Stadt eindringe. Auch Voss übersetzt: „Und wachsame Hut sei beständig, dass kein Trupp sich einschleich' in die Stadt, da die Krieger entfernt sind." Der ganze Zusammenhang spricht für die obige Auffassung, denn in der ganzen Rede des Hector, zu der Vers 522 gehört, ist von einem Hinterhalte der Achaeer gegen die Troer gar nicht die Rede.

Zu a u. b sind noch zwei Stellen zu zählen, in denen die Form λόχονδε (cf. oben λέχοςδε, λέκτρονδε) erscheint:

1) Il. 1, 227 λόχονδ' ἰέναι σὺν ἀριστήεσσιν Ἀχαιῶν.
2) Od. 14, 217 ὁπότε κρίνοιμι λόχονδε ἄνδρας ἀριστῆας.

Ausserdem haben wir folgende Formen von λόχος: Nom. Sing. λόχος, Gen. Sing. λόχου, Dat. Sing. λόχῳ, Accus. Sing. λόχον. Im Plural kommt das Wort nur Od. 20, 49 im Nom. vor = λόχοι. Bei Hesiod und bei den Tragikern und Historikern findet sich dieses Wort auch.

V. Ἡ λόχμη = Wildlager, Dickicht, kommt bei Homer nur Od. 19, 439 vor. Sonst ist es ein sehr häufiges Wort und wird von Pindar, Euripides, Aristophanes und Aristoteles gebraucht.

Od. 19, 439 ἔνθα δ' ἄρ' ἐν λόχμῃ πυκινῇ κατέκειτο μέγας σῦς.

Adjectiva.

I. *Ναύλοχος, ον* = den Schiffen zum Lager dienend, nach der **Uebersetzung** von Voss „schiffebergend". Es erscheint bei Homer nur zweimal in der Odyssee als Beiwort von *λιμήν*, Hafen.

H. Düntzer leitet (Kuhns Zeitschrift XV S. 43) *ναύλοχος* von einem Nomen *ναῦλον* = statio navalis, + Suffix *οχο* ab; diese Ableitung ist aber im höchsten **Grade** unwahrscheinlich, da es ein Nomen *ναῦλον* gar nicht giebt.

Od. 4, 846   *λιμένες δ' ἔνι ναύλοχοι αὐτῇ ἀμφίδυμοι.*
Od. 10, 141   *ἔνθα δ' ἐπ' ἀκτῆς νηὶ κατηγαγόμεσθα σιωπῇ ναύλοχον ἐς λιμένα.*

Später treffen wir es bei den Tragikern, als Substantiv bei Suidas und Plutarch.

II. *Λεχεποίης* findet sich bei Homer auch nur zweimal Il. 4, 383 in der Masculinform als Beiwort des Flusses Asopos: *Ἀσωπὸν δ' ἵκοντο βαθύσχοινον λεχεποίην* und Il. 2, 697 als Beiwort der Stadt Pteleos im Schiffskatalog: *οἳ δ' εἶχον Φυλακὴν* u. s. w. *ἰδὲ Πτέλεον λεχεποίην.*

Ausserdem begegnen wir diesem **Worte** in **den** Homerischen Hymnen Merc. 88 als Beiwort der Stadt Onchestos und App. 224 als Epitheton der Stadt Teumessos. Bei Herodot kommt es auch einmal vor, gleichfalls als Beiwort des Flusses Asopos, Buch IX C. 43.

Λεχεποίης wird verschieden erklärt; nach einer Ableitung ist es aus *λέχος* und *ποιέω* gebildet = bettmachend, lagerbereitend; auf den ersten Blick könnte man glauben, dass uns diese Ableitung die Möglichkeit giebt, *λεχεποίης* wenigstens als Beiwort des Flusses Asopos zu übersetzen und zu erklären = sich ein Bett machend oder wühlend; *λέχος* bezeichnet aber nie im Griechischen Flussbett; dafür gebraucht Herodot das Wort *τὸ ῥεῖθρον*, Polybius *τὸ κοίλωμα* und Homer bedient sich zur Bezeichnung des an **Flussbett** streifenden **Begriffes Rinnsal** Il. 4, 39 des Wortes *χαράδρη.*

Ausserdem passt der Ausdruck „sich ein Bett wühlend" eigentlich nur auf einen reissenden Bergstrom, der Asopos aber fliesst nach der Angabe von Passow (Griechisches Wörterbuch Bd. I, 1 S. 39) in weichem Wiesengrunde.

Λεχεποίης als Beiwort einer Stadt erklärt uns diese Ableitung auch nicht, oder sollte man es = lagerbereitend, d. h. Wohnung gebend, auffassen können? Dann würde es ein treffendes Beiwort für eine Stadt sein.

Nach einer anderen, viel ansprechenderen Etymologie ist *λεχεποίης* zusammengesetzt aus *λέχος* und *ποίη* Gras, Kraut. So übersetzt auch Passow „mit Gras zum Lager, d. h. mit üppigem, hohem, weichem, zum Lager bequemem Grase bewachsen, auf weichem Wiesengrunde gelegen". Dieser Deutung entspricht auch die Erklärung von Hesychius: *λεχεποίην· τὸν πολλὴν πόαν ἔχοντα καὶ βαθεῖαν, εὐ(αυ)ξῆ, ἐν ᾗ ἔστι καὶ λέξασθαι τούτεστιν κοιμηθῆναι* (Moriz Schmidt, Vol. III S. 30).

Diese zweite Ableitung kann als allgemein angenommen betrachtet werden, und es handelt sich für uns darum, die Art der Zusammensetzung der beiden Glieder näher zu prüfen; diese ist von Osthoff richtig erklärt worden. Osthoff (Das Verbum in der Nominalcomposition im Deutschen, Griechischen, Slavischen und Romanischen, Jena 1877, S. 139) schliesst sich der von Gustav Meyer in Curtius' Studien V S. 109 gegebenen verbalen Erklärung von *λεχεποίης* = „Gras hinbreitend (zum Lager)" im Wesentlichen an, bemerkt aber dazu, dass es nicht nöthig ist, das *λέχε* transitiv zu fassen und das folgende Glied im Accusativ als Object davon abhängig zu machen. Er übersetzt *λεχεποίης* mit „im Grase lagernd, liegend" und belegt mit Beispielen, wie *τρεχέ-δειπνος* „zum Schmause laufend" und *ἀρωγο-ναύτης* „den Schiffern helfend", dass die Regel, wonach „in derartigen Compositis nothwendig das zweite Glied seiner Function nach immer ein Objectsaccusativ sein muss", ihre Ausnahmen hat.

Wenn in *λεχεποίης* der erste Theil des Wortes ein Nominalstamm wäre, müsste das Wort nicht *λεχεποίης*, sondern *λεχεσποίης* lauten.

Auch Herzog (Fleckeisens Jahrbücher für Philologie und Pädagogik XI, Jahrgang 1870, S. 298 und 300) stellt λεχεποίης in richtiger Weise zu den Compositis mit einem ersten Gliede von verbalem Character; er irrt aber sehr, wenn er meint: „ein Verbum λέχω existirt nicht, sondern nur das Nomen τὸ λέχος". Das Verbum *λέχω existirt, wie oben nachgewiesen wurde, in mannigfachen Formen, wenn auch das Praesens nur von Grammatikern citirt wird.

Die Wurzel ΛΕΧ bei Hesiod.

Ebenso wie von der Wurzel ΛΕΓ erscheint auch von der Wurzel ΛΕΧ das verbale Simplex nur ein einziges Mal bei Hesiod und zwar Scut. Heracl. V. 46: παννύχιος δ' ἄρ' ἔλεκτο σὺν αἰδοίῃ παρακοίτι.

Die Composita sind auch nicht reich vertreten.

1. *καταλέχομαι = sich niederlegen, liegen. Nur Op. V. 522 καταλέξεται ἔνδοθεν οἴκου.
2. *Παραλέχομαι = sich nebenbei hinlegen, bei Jemandem liegen. Nur Theog. V. 278 τῇ δὲ μιῇ παρελέξατο Κυανοχαίτης.

Substantiva.

I. Τὸ λέχος = das Lager, Bett. Ebenso wie bei Homer hat auch bei Hesiod λέχος oft die Bedeutung Ehebett und andere aus dieser hervorgehende.

1) Theog. V. 57   ἱερὸν λέχος εἰςαναβαίνων.
2) Theog. V. 508 ὁμὸν λέχος εἰςανέβαινεν.
3) Theog. V. 798 στρωτοῖς ἐν λεχέεσσιν.
4) Theog. V. 912 αὐτὰρ ὁ Δήμητρος πολυφόρβης ἐς λέχος
                  ἦλθεν.
5) Theog. V. 939 ἱερὸν λέχος εἰςαναβᾶσα.
6) Scut. Heracl. V. 16   οὐδέ οἱ ἦεν πρὶν λεχέων ἐπιβῆναι
                         εὐσφύρου Ἠλεκτρυώνης.
7) Fragm. 94 XXXIII 71   ἱερὸν λέχος εἰςαναβαίνεις (nach
                         Schömanns Hesiod-Ausgabe S. 158).

II. Ἡ ἄλοχος = die Gattin. Bei Homer wird mit dem Worte ἄλοχος, wie wir sahen, meist, bei Hesiod stets die rechtmässige Gattin bezeichnet.

1) Scut. Heracl. V. 40 ἧς ἀλόχου ἐπιβήμεναι εὐνῆς.
2) - - V. 87 σὺν ἐϋσφύρῳ Ἠλεκτρυώνῃ ᾗ ἀλόχῳ.
3) - - V. 18 πρίν γε φόνον τίσαιτο κασιγνήτων
  μεγαθύμων ἧς ἀλόχου.
4) Theog. V. 886 Ζεὺς πρώτην ἄλοχον θέτω Μῆτιν.
5) Op. V. 329 κρυπταδίης εὐνῆς ἀλόχου.
6) Fragm. 148 LVII 82 (nach Schömanns Ausgabe S. 161)
  εὐνῆς ἕνεχ' ἧς ἀλόχοιο.

III. Ὁ λόχος = der Hinterhalt.
1) Theog. V. 174 εἷσε δέ μιν κρύψασα λόχῳ.
2) Theog. V. 178 ὁ δ' ἐκ λοχεοῖο πάϊς ὠρέξατο χειρὶ σκαιῇ.

Adjectiva.

Δειπνολόχος, ον = auf Gastmähler lauernd, ihnen nachgehend.

Op. 704 δειπνολόχης (γυναικός) ἥτ' ἄνδρα καὶ ἴφθιμόν
  περ ἐόντα εὕει.

Es kommt nur an dieser Stelle bei Hesiod vor und findet sich sonst nirgends.

Fassen wir auch den Inhalt dieses Capitels kurz zusammen.
1) Die Grundbedeutung der Wurzel ΛΕΓ ist sammeln.
2) Diese Grundbedeutung haben mehrere Stellen bei Homer noch in ihrem vollständigen physischen Sinne; übertragene Bedeutungen erscheinen aber auch schon bei Homer, so die des Herzählens; an keiner Stelle bedeutet aber λέγειν bei ihm einfach „sagen".
3) Die verbalen Composita sind zahlreich bei Homer, bei Hesiod nicht; in Bezug auf ihre Bedeutung ist zu bemerken, dass sie ziemlich fest an der Grundbedeutung des Simplex halten.
4) Die zugehörigen Nomina sind bei Homer und Hesiod gering an Zahl und erscheinen selten.
5) Die Grundbedeutung der Wurzel ΛΕΧ ist „sich legen".
6) In dieser Grundbedeutung erscheint das Verb bei Homer

und Hesiod nur im Medium; von den abgeleiteten **Bedeutungen ist** die Causalbedeutung legen, hinlegen, **die** häufigste.

7) Die **verbalen** Composita der Wurzel $\varLambda EX$ sind etwas weniger häufig als die der Wurzel $\varLambda E\varGamma$ und **halten fest** an der Grundbedeutung.

8) Dagegen sind die der Wurzel $\varLambda EX$ angehörigen Nomina **viel** zahlreicher und erscheinen sehr häufig.

Vita.

Ich, Magnus v. Lingen, **Sohn des Dr.** med. Carl v. Lingen, Oberarztes des Marien-Magdalenen-Hospitals in St. Petersburg, und Marie v. Lingen, geborenen v. Baer, **bin geboren am** $\frac{\text{6. März}}{\text{22. Februar}}$ 1851 in St. Petersburg. Nachdem ich den ersten Unterricht im elterlichen Hause und bei Elementarlehrern empfangen, trat ich im August des Jahres 1860 in das Privatgymnasium des Herrn C. May in St. Petersburg, das ich bis zum Juni 1870 besuchte. Daselbst wurde in mir durch den trefflichen Unterricht der Herren E. Otto — jetzt Director der Catharinenkirchenschule in St. Petersburg — und Dr. F. Urtel — jetzt Professor in Weimar — bereits die Neigung zur Philologie angeregt.

Im December 1870 bestand ich die Maturitätsprüfung am Gymnasium zu Reval und im Januar 1871 bezog ich die Universität Dorpat, um mich dem Studium der Philologie, besonders der deutschen und vergleichenden Sprachkunde zu widmen.

Während meiner Studienzeit in Dorpat besuchte ich die Vorlesungen der Herren Professoren DDr. Leo Meyer, L. Schwabe, C. v. Paucker, E. Petersen, G. Teichmüller, A. Kotljarewski und P. Wiskowatow, sowie der Herren Docenten DDr. W. Masing und A. Amelung.

Allen den genannten Herren bin ich für die Förderung, die sie meinen Studien haben angedeihen lassen, zu Dank verpflichtet, besonders aber Herrn Professor Leo Meyer, der mich während meiner ganzen Dorpater Studienzeit auf das Aufopferndste mit Rath und That unterstützt hat.

Im August 1875 absolvirte **ich das** Canditatenexamen der **deutschen** und vergleichenden Sprachkunde in Dorpat, im December 1875 die Prüfung **zum Oberlehrer** der deutschen Sprache und Literatur.

Ostern 1876 bezog ich die Universität **Leipzig**, um meine **sprachwissenschaftlichen** Studien fortzusetzen.

Ich habe hierselbst die Vorlesungen der Herren Professoren **DDr.** G. Curtius, dessen grammatische Gesellschaft ich **gleichfalls** besuchte, A. Leskien, **an** dessen altbulgarischen Interpretationsübungen ich mich betheiligte, **A.** Springer, H. Fritzsche, H. Hübschmann, H. **Osthoff und W.** Braune gehört.

Auch **den** genannten Herren Professoren der Leipziger **Universität,** insbesondere den Herren Professoren Leskien und **Osthoff spreche ich meinen** aufrichtigen **Dank aus.**